자녀교육의 핵심은 지식을 넓히는 데 있지 않고
자존감을 높이는 데 있다.

- 레프 톨스토이 -

한 어머니는 백 사람의 스승보다 낫다.

- 요한 프리드리히 헤르바르트 -

어린이는 하늘을 나는 새다.
마음에 들면 날아오르고,
마음에 안 들면 날아가버린다.
- 이반 세르게예비치 투르게네프 -

아이들에게는 비평보다 본보기가 필요하다.

- 조제프 주베르 -

유대인 엄마가 들려주는
아이를 가슴으로 키우는

특별한
자녀교육

유대인 엄마가 들려주는
아이를 가슴으로 키우는 특별한 자녀교육

초판 1쇄 인쇄 · 2021년 9월 25일
초판 1쇄 발행 · 2021년 9월 30일

지은이 · 조미현
펴낸이 · 이춘원
펴낸곳 · 책이있는마을
기 획 · 강영길
편 집 · 이지예
디자인 · 디자인 오투
마케팅 · 강영길

주 소 · 경기도 고양시 일산동구 무궁화로120번길 40-14(정발산동)
전 화 · (031) 911-8017
팩 스 · (031) 911-8018
이메일 · bookvillagekr@hanmail.net
등록일 · 2005년 4월 20일
등록번호 · 제2014-000024호

ISBN 978-89-5639-344-5 (03370)

《유대인 엄마가 들려주는 아이를 가슴으로 키우는 특별한 자녀교육》은
《유태인 엄마가 들려주는 아이를 가슴으로 키우는 69가지 방법》의 제목과 장정을 새롭게 바꾸어 출간한 책입니다.

유대인 엄마가 들려주는
아이를 가슴으로 키우는
특별한 자녀교육

조미현
지음

차례

엄마는 가장 좋은 선생님입니다

어머니는 아이들이 세상에 태어나 처음으로 경험하는 우주와도 같은 존재입니다. 아이들은 어머니라는 창을 통해 세상을 배우고 익힙니다. 사소한 말버릇부터 행동습관, 인격형성에 이르기까지 아이들에게 미치는 어머니의 영향은 평생을 좌우한다고 해도 지나치지 않을 것입니다.

오늘날 많은 어머니들이 자녀교육에 특별한 관심을 기울이고 있습니다만, 유대의 어머니들은 이미 2천여 년 전부터 자녀들의 교사 역할을 수행해 왔습니다. 물론 그들에게도 랍비라고 하는 스승이 있었고, 교육기관이 존재했습니다.

그러나 유대의 어머니들은 학교와 랍비들에게만 맡기지 않고 그 역할을 분담하는 수고를 아끼지 않았습니다. 그들은 굳은 신앙심과 올곧은 도덕관으로 스스로를 무장하고 자녀교육에 임했습니다. 그 결과 '모세의 기적'에 버금갈 만한 세계사적인 교육의 신화를 만들어낼 수 있었습니다.

사람들은 유대의 어머니들을 '이디시 마마'라고 부릅니다. 아이들을 '즐겁게 보살핀다'는 뜻에서 그렇게 부르는 것입니다. 그것은 그들이 자식의 건강한 미래를 위해 최선을 다한다는 것을 의미합니다. '이디시 마마'의 교육방식은 사실 특별한 것이 아닙니다. 자녀들의 인격 형성에 중점을 둔 교육 그중에서도 사람들과의 관계를 중요시하는 '덕성교육'이 유대식 가정교육의 근본을 이룹니다.

주목할 만한 것은 그러한 교육이 부모의 일방적인 주입식이 아니라 철저하게 자녀들의 개성을 존중하는 가운데 이루어진다는 점입니다. 도덕적으로 올바르고 지혜로운 인간으로 살아가도록 자녀들을 교육시킨 결과 오늘날 각 분야에서 눈부신 활약을 펼치고 있는 인재들을 탄생시킨 것입니다.

　유대의 어머니들뿐만 아니라 이 세상 모든 어머니들은 위대합니다. 항상 자식을 염려하고 기꺼이 희생할 수 있는 것은 어쩌면 본능과 같은 것인지도 모릅니다. 그럼에도 오늘날 세계의 많은 어머니들이 유대식 가정교육을 표본으로 삼는 것은 그들이 특출한 인물을 많이 배출했기 때문일 것입니다.

　이 책은 우리의 어머니들에게 보다 나은 교육의 전형을 제시하기 위해 기획되었습니다. 자녀교육에 대한 관심과 열기가 세계 최고라고 알려진 우리 어머니들에게는 특히 공감할 부분이 많을 것입니다.

　모쪼록 이 책이 미래의 인재를 키워내는 데 요람의 역할을 할 수 있기를 기대해 봅니다.

조미현

Part
01

모든 것을
있는 그대로 인식하라

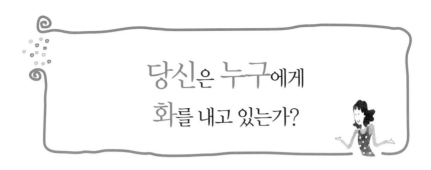

당신은 누구에게 화를 내고 있는가?

분노를 억제하지 못하는 부모는 가정을 화목하게 이끌어 갈 수 없습니다. 분노의 감정은 모든 괴로움의 원인이기 때문이지요.

"가정에서의 분노는 곡식을 파먹는 벌레와 같은 것"이라는 『탈무드』의 격언처럼 분노는 모든 것을 망쳐버리는 힘을 가지고 있습니다.

화를 낸다고 해서 마음이 편해지는 것도 아닙니다. 불같은 성미로 분노를 폭발시켜도 결국은 비참한 생각만 들 뿐 무엇 하나 제대로 해결되는 것이 없습니다.

사실 이 정도의 통찰은 누구나 경험을 통해 웬만큼 터득한 것이기도 합니다. 그런데도 일단 화를 내기 시작하면 어쩔 수 없이 분노의 힘에 자신을 맡겨버립니다. 분노의 원인을 깨닫지 못하기 때문입니다.

대개 이런 경우 분노의 근본적인 원인을 살펴보면 인생을 자기 생각대

로 이끌어가고 싶다는 기대심리가 잠재되어 있습니다.

『탈무드』에서는 쉽게 분노하는 사람을 "자기 내부의 가짜 신"에 조정당하는 사람이라고 합니다. 그 가짜 신은 모든 것을 자기 방식대로 휘두르려고 하기 때문에 상황이 뜻대로 되지 않으면 분노를 폭발시키는 것입니다.

부모가 자녀를 꾸짖을 때도 마찬가지입니다.

잠시 외출했다 돌아왔을 때 아이들이 집 안을 어지럽혔다고 합시다. 어머니가 화가 나서 말합니다.

"세상에, 이게 뭐니? 네가 한두 살 먹은 어린애야? 엄마가 언제까지 네 뒤치다꺼리를 해야 하니!"

어머니는 자신도 모르게 아이가 기분을 상할 만한 말을 하게 됩니다.

어머니가 이렇게 아이에게 화를 내는 것은 '아이들은 항상 자기 방을 깨끗하게 정돈해 놓아야 한다'고 생각하기 때문입니다. 만약 '좀 더 방을 깨끗이 해주면 좋을 텐데'라는 정도의 바람이었다면 아이에게 건넨 말이 조금은 부드러워졌을 테지요.

　아이가 부모의 사고방식에 맞춰 성장하기를 강요하면 감정이 극단적으로 치닫기 쉬울 뿐만 아니라 아이의 인격 형성에도 악영향을 미칠 수 있습니다. 엄밀한 의미에서 그것은 아이의 행동 때문이라기보다는 부모 자신의 기대감이 무너진 데 대한 분노라 할 수 있습니다. 이러한 분노의 원인은 과연 어디에 있는 것일까요?

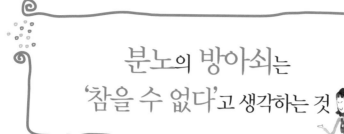

분노의 방아쇠는
'참을 수 없다'고 생각하는 것

부모는 아이에게 원하는 것을 얻지 못했기 때문에 종종 화를 냅니다. 그러나 화를 내는 보다 직접적인 원인은 바로 '참을 수 없다'고 하는 부모의 판단입니다.

어떤 아이든 자랄 때는 말썽을 피우고 부모의 뜻을 거역하기도 합니다. 이럴 때 부모의 감정적인 판단은 자칫 '어떻게 된 아이가 이 모양이지?' '도저히 그냥 넘어갈 수 없다'라는 식의 분노로 이어질 수 있습니다.

한 가지 예를 들어볼까요?

컴퓨터 게임에 열중하고 있는 아들 민서에게 어머니가 말합니다.

"민서야, 이제 게임은 그만하고 공부하렴."

그러나 게임에 푹 빠져 있는 아이는 어머니가 하는 말을 제대로 듣지 못합니다.

"민서야! 김민서!"

몇 번을 불러도 대답이 없자, 어머니의 목소리가 점점 격앙되기 시작하더니 기어이 소리를 지르고 맙니다.

"너, 컴퓨터 그만하라는 소리 못 들었어?"

"못 들었는데요."

"그걸 말이라고 하니? 게임에 빠져서 엄마 말을 못 들은 거잖아!"

그러나 민서는 잠시 머뭇거리더니 다시 컴퓨터로 눈을 돌리고 게임에 열중합니다.

이쯤 되면 어머니의 감정은 초조감에서 분노로 바뀝니다. '분명 부르는 소릴 들었을 텐데…… 왜 대답을 하지 않는 거지?'라는 생각이 '이 아이는 내 말을 도무지 들으려고 하질 않아!'로 바뀌면서 '엄마 말을 무시하다니, 정말 돼먹지 않은 아이야!'라는 극단적인 해석을 덧붙이게 됩니다.

대개의 경우 분노는 주어진 상황에 대한 나름대로의 판단이나 분석 때문에 폭발합니다. 그러한 상황 판단이 곧 '이 아이는 왜 엄마인 나한테 그토록 모진 생각을 하게 만들까' 하는 피해의식으로 이어지기 때문에 분노는 점점 걷잡을 수 없게 됩니다.

아이들은 부모를 화나게 하려고 일부러 말을 듣지 않는 게 아닙니다. 그런데도 부모는 아이의 심리를 속단해 분노의 감정에 휘말리고 또 얼마 못 가 그러한 자신의 행동에 죄책감을 가지는 악순환을 되풀이하지요. 결국 자녀의 행동을 나쁜 쪽으로만 해석하면 부모와 자녀 모두가 고통스러워집니다.

부모가 먼저 너그러운 마음을 가져야 올바른 자녀교육이 가능해집니다. 그런데 왜 우리 부모들은 자녀에게 관용을 베푸는 데 있어서 그토록 인색한 걸까요?

모든 것을 있는 그대로
인식하라

화를 잘 내는 사람은 대개 욕구불만이 가득합니다. 그들은 보통 사소한 고통이나 불쾌감 따위를 견디지 못합니다.

욕구불만이란, 항상 마음이 편안해야 하고 수고스럽거나 귀찮은 일은 피하고 싶다는 마음 때문에 생기는 것입니다. 결국 인내심이 부족한 사람들이 매사를 그런 식으로 살아가고 싶어 합니다.

이러한 사고방식은 자녀를 키우는 데 치명적인 결함이 될 수 있습니다. 아이들을 키우면서 어머니는 일정 부분의 희생을 감수해야 합니다. 특히 아이가 어릴 때는 잠도 편히 못 자고 외출도 자유롭게 할 수 없습니다. 좀 더 자라서 중·고등학생이 된다 해도 사정은 별로 나아지지 않습니다. 할 일은 더 많아지고 그만큼 돈도 많이 들어갑니다. 그렇게 고생해서 키우지만 아이들이 부모의 생각대로 따라주는 것도 아닙니다.

딸아이가 외출했다 돌아와서 잘 씻지 않는 게으른 성격이라고 합시다.

평소에는 몇 번 얘기하고 대수롭지 않게 넘어가던 어머니도 같은 일이 반복되다 보면 불쑥 화가 치밀어 오르고는 합니다. 집에 오자마자 텔레비전 앞에 앉은 아이를 보고 어머니는 기분이 상해서 말합니다.

"밖에 나갔다 왔으면 옷 갈아입고 손부터 씻어야지."

"이것만 보고 씻을게요."

"당장 씻어! 나중에 보면 되잖아."

"좀 있다가 한다니까요."

"너 엄마 말이 말 같지 않아? 넌 무슨 여자애가 그렇게 지저분하니!"

짜증이 난 어머니는 딸아이가 얄미워지기까지 합니다. 이렇게 되면 청결 문제가 아닌 일로도 딸에게 짜증을 부리기 쉽습니다.

만약 어머니가 아이에게 끊임없이 신경 쓰는 일들을, 부모로서 당연히 거쳐야 할 과정쯤으로 인식한다면 마음이 훨씬 편해질 것입니다.

짜증의 원인이 되는 귀찮은 일은 '일어나서는 안 된다'라고 생각하기에 분노가 생겨나는 것입니다. '왜 이런 일까지……'라고 화를 내는 대신 상황을 있는 그대로 인식하면 분노를 느끼지 않을 것입니다.

'무엇이든지 내 뜻대로 하고 싶다'라는 마음은 곧 분노의 원인이 됩니다. 그러므로 부모는 자녀를 야단치기 전에 먼저 자신의 속마음을 들여다볼 줄 알아야 합니다.

아이의 성적이 생각보다 잘 나오지 않았다거나 사람들 앞에서 예의 바르게 행동하지 않을 때, 부모가 생각하는 기준을 아이가 따라주지 못했을 때 '더는 못 참겠다'는 판단으로 화를 냈다면 이는 매사를 자기 생각대로 하려는 욕구가 강하기 때문입니다. 결국 문제는 아이에게 있는 것이 아니라 부모 자신의 욕구불만이라는 것을 알아야 합니다.

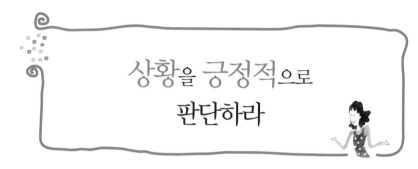

상황을 긍정적으로
판단하라

장난이 좀 지나치다 싶은 아이들에게는 야단치고 꾸짖는 것이 최선이 될 수 없습니다. 그런 방법은 자녀교육에 마이너스 요인밖에 되지 않습니다.

장난이 심한 일곱 살짜리 아들이 집 안에서 야구공을 가지고 놀다가 유리창을 깨뜨렸다고 합시다. 평소 아들의 장난기에 스트레스를 받고 있던 어머니는 화가 머리끝까지 나서 "집 안에서 공놀이하지 말랬지. 넌 도대체 커서 뭐가 되려고 이러니?" 하고 화를 낼 것입니다.

이렇게 되면 아들은 장난스러운 태도를 고치려고 하는 마음이 점점 없어지게 됩니다. 아이는 어머니가 한 말을 그대로 받아들여 자기는 나쁜 아이라고 믿어버립니다. 그렇지 않으면 열심히 자신을 정당화하려 들겠지요. 게다가 호되게 꾸지람을 들은 일로 아이는 어머니를 원망하고 반항적이 될 것입니다. 이래서는 말을 들을 턱이 없습니다.

아이는 부모가 화내는 것을 보고 반성하기는커녕 오히려 반발심을 갖게 됩니다. '내가 그렇지 뭐. 난 늘 이렇게 해왔으니까' 하는 자포자기의 상태가 되었다가 어느 순간 대담한 태도로 돌변하여 나쁜 버릇을 되풀이하게 됩니다.

물론 부모가 화를 내면 아이는 놀라서 겉으로는 고분고분해질 수도 있습니다. 하지만 그때뿐입니다.

이렇게 되면 부모는 아이를 다스리기 위해서 언제나 분노에 의지해야 합니다. 결국 자식을 '부모가 화내지 않으면 말을 듣지 않는 아이'로 만들어버리는 것이지요.

이것이 바로 분노의 역효과라는 것입니다. 분노는 아무것도 해결해 주지 않습니다. 화를 잘 내는 사람은 그것으로써 분노가 가라앉는 것이 아니라 욕구불만이 더욱 커지기 때문에 인생 자체가 곧 불화로 이어집니다.

그렇다면 분노만 억제하면 인생이 편안해질까요? 그렇지 않습니다. 인지심리학자들은 분노를 억제하는 것보다는 분노의 원인, 즉 상황을 자꾸 나쁜 쪽으로 받아들이는 마음을 끊어야 한다고 충고합니다. 아이들이 말을 듣지 않을 때 마구 꾸짖거나 야단치는 것보다는 부모가 냉정을 되찾는 것이 더 중요합니다.

무조건 화부터 내지 말고 아이에게 왜 집 안에서 공놀이를 하면 안 되는지 또는 동생을 때리면 왜 안 되는지를 차분하게 일깨워 주십시오. 한 번 말했는데 다음에 똑같은 잘못을 되풀이하더라도 부모는 인내심을 갖고 아이를 이해시켜야 합니다. 그렇게 되면 아이가 부모에게 거리감을 두거나 원망하는 일이 생기지 않습니다.

실수로 접시를 깬 아이에게 "너는 왜 그 모양이니?"라고 꾸짖는다면 아

이는 어머니를 항상 꾸지람만 하는 싫은 존재로 인식하게 될 것입니다.
반면 "어디 다치지는 않았니? 다음부턴 조심하렴"이라고 말한다면 아이
는 어머니의 신뢰에 보답하기 위해서라도 조심하게 될 것입니다.

  야단을 치더라도 마음속에 있는 분노를 완전히 제거하고 나서 해야 합
니다. 이것이 바로 자녀교육에서 가장 중요한 덕목입니다.

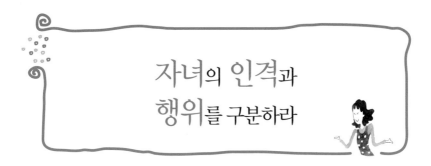

자녀의 인격과 행위를 구분하라

될 수 있으면 상황을 좋은 쪽으로 받아들이고, 그래도 의심스러운 것이 있으면 가능한 한 상대방에게 유리하게 해석하라는 것이 『탈무드』의 가르침입니다.

랍비 삼손 라파엘 히르슈는 이렇게 말했습니다.

"당신이 그 눈으로 남이 죄를 범하는 것을 보았다 해도 혹은 믿을 만한 사람이 누군가의 잘못을 지적한다 해도 당신에겐 그를 심판할 권리가 없다. 당신의 마음속에 있는 사랑만이 그러한 권리를 가진다. 이 사랑이야말로 심판대에 올려진 사람에게는 가장 신뢰할 수 있는 변호인이다. 변호인의 의무는 그 사람의 행동을 가능한 한 용서하는 것이고, 적어도 정상을 참작할 여지를 찾도록 하는 것이다."

가능한 한 모든 것을 아이에게 유리하도록 해석하십시오. 불러도 오지 않는 것은 듣지 못했을 뿐인지도 모릅니다.

'들었을 텐데 오지 않는다면 일부러 반항하는 거야' 따위의 그릇된 추측을 하지 말고 '무언가 이유가 있겠지'라고 생각해 보십시오.

놀이터에서 놀고 있는 아이가 해가 저물어도 집에 돌아가지 않으려고 한다면 "왜 엄마 말을 안 듣고 고집을 피우는 거니?"라고 화를 낼 것이 아니라 '저 아이는 친구 곁을 떠나고 싶지 않은가봐' '놀이터에서 노는 것이 재미있는 모양이지'라고 좋은 쪽으로 해석하는 것입니다.

그렇다고 아이가 원하는 대로 내버려 두라는 것은 아닙니다. 아이에게는 온화하게 그러나 단호하게 "놀이터에서 놀고 싶은 마음은 알지만 해가 지면 집으로 돌아가서 저녁을 먹어야 한단다"라고 말하세요. 해야 할 말은 주저하지 말고 해야 합니다. 다만 부정적인 판단으로 아이를 비난해서는 안 된다는 것입니다.

이런 때일수록 부모는 마음을 넓게 가져야 합니다. 아이들의 행동은 몇 번 야단치는 것으로 간단하게 바뀌지 않습니다. 아이가 스스로 고쳐보려고 해도 거기엔 시간과 수고가 필요하다는 것을 명심하십시오.

일찍이 랍비 시므하 체세르 지브는 "어떤 교사는 서너 번 훈련시켜도 듣지 않으면 아이에게 화를 내는데, 그것은 너무 성급한 처사다"라고 지적한 적이 있습니다.

아이가 말을 듣지 않을 때, 부모를 곤란하게 만들기 위해 일부러 그러는 것처럼 보이더라도 일단은 너그럽게 보려고 노력하세요.

동생을 괴롭히는 아이를 바라볼 때도 '나를 화나게 하려고 하는 행동이 아니다. 엄마의 관심을 끌려고 시작한 일이 버릇이 된 거야'라고 생각해 보는 것입니다.

제 고집대로 하지 못해 울부짖는 아이를 호되게 꾸짖기 전에도 마찬가지입니다. '나를 힘들게 하려고 작정한 건 아니다. 아직 짜증을 억제할 수 없을 뿐이지. 자제심이 몸에 배지 않아 저러는 거야'라고 생각하도록 노력하세요.

아무리 철없는 아이들이라도 좋지 않은 행동을 했다고 느낄 때는 진심으로 후회하고 괴로워하게 마련입니다. 어떤 경우에도 아이의 인격과 행위를 똑같이 판단하지 말아야 합니다. 자녀에게 분노를 폭발시키지 않는 비결은 바로 여기에 있습니다.

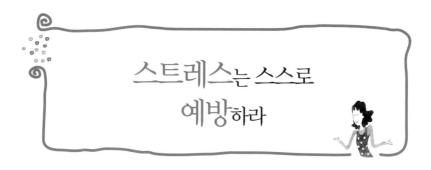

스트레스는 스스로
예방하라

자신의 감정 상태를 극단적으로 몰아가지 않고 상황을 되도록 긍정적으로 받아들인다면 화내는 것을 피할 수 있지만 어쩔 수 없이 신경은 예민해집니다. 특히 정신적으로나 육체적으로 지쳐 있을 때 또는 어쩐지 하루가 고달프게 느껴질 때 짜증을 억제하기 힘들지요.

육체적 고통·심리불안·수면부족·피로 등은 주부들에게 분노의 시한폭탄이 될 수도 있습니다. 그러므로 어떠한 악조건에서도 마음을 편하게 할 수 있는 테크닉을 한두 가지 익혀두는 것이 필요합니다.

먼저, 스트레스의 주범이라 할 수 있는 자기 중압감을 과감히 떨쳐버리세요.

한꺼번에 여러 가지 일에 쫓기고 있는 상태에선 누구나 냉정해질 수 없습니다. 할 일은 많은데 무엇 하나 자기 뜻대로 되는 게 없다고 생각하면 일은 더욱 어려워집니다.

가령 컨디션이 좋지 않은 날 아이의 생일파티가 열릴 예정이고 또 저녁에는 시누이의 집들이 요리를 도와주기로 했다고 합시다. 당신은 아마 이런 갈등을 할지도 모릅니다.

'몸도 안 좋은데 생일파티 음식은 그냥 시켜줄까? 아니야, 그러면 우리 애가 친구들 앞에서 주눅들지도 몰라. 그럼 저녁에 시누이 집에 가지 말까? 그랬다가는 시누이가 또 어머니한테 고자질할 텐데……. 어휴! 이러지도 저러지도 못하고 정말 어쩌지?'

가슴을 치며 답답해하는 당신, 무슨 방법이 없을까요?

이럴 때는 일의 우선순위를 정하는 것이 좋습니다. 이것도 하고 저것도 해야 한다고 자신을 들볶기 시작하면 그것이 곧 스트레스가 됩니다.

따라서 이런 경우 '아이는 아직 어리니까 생일파티는 간단하게 하고 시누이에게는 전화를 해서 양해를 구하는 게 어떨까? 아니면 파티 음식은 주문해서 차려주고 몸이 좀 나아지면 저녁에 시누이 집에 가는 것이 나을까?' 하고 스스로에게 물어보세요.

사실 그러기 위해서는 용기가 필요합니다. 생일파티 요리를 엄마가 직접 만들어주지 않는다든지 시누이 집에 가지 않을 경우 아이 혹은 시누이가 어떻게 생각할까 따위는 신경 쓰지 않는 것입니다. 세심한 것에 신경을 쓰다 보면 언젠가는 폭발합니다.

어느 날 문득 '시댁 일까지 내가 일일이 다 도와야 하는 건 너무하잖아? 언제까지 이렇게 나 혼자 집안일을 꾸려가야 하지?' '나도 사람인데, 화내는 것이 대체 뭐가 나빠' 하는 생각들이 한꺼번에 밀려들지도 모릅니다.

이러한 감정으로 치닫다 보면 모든 게 다시 원점으로 되돌아오게 됩니

다. 더구나 힘껏 짜증을 참는다 해도 연이어 문제가 생기면 냉정을 찾기
가 한층 더 어려워집니다.

　이런 경우에도 아이들에게 버럭 화내고 싶은 충동을 억누르고 현재 당
신의 기분이 어떠한지 차분하게 표현하세요. 감정을 표현할 때도 "너희
들, 너무했어!"라는 정도로 그치고 소리를 지르는 것은 피하는 것이 좋
습니다.

　요령 있게 내 기분을 알리면 아이들은 자신의 잘못을 진심으로 반성합
니다. 또 그러는 동안 당신 내부에선 더 큰 스트레스를 예방할 수 있는 여
유가 생길 것입니다.

Part
02

세상에
완벽한 부모는 없다

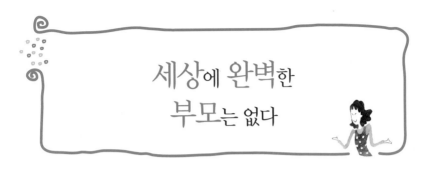

세상에 완벽한
부모는 없다

우리는 누구나 완벽주의자가 되고 싶어 합니다. 물론 그런 노력까지 탓할 수는 없습니다. 문제는 완벽에 대한 지나친 집착입니다. 지나치게 완벽을 추구하다 보면 자신의 사소한 결점조차 용납하지 못하게 됩니다. 그것만으로 자기를 가치 없는 인간이라고 생각하기 때문입니다. 그러다가 결국 가혹한 자기비판에 빠져듭니다.

부모로서 지나친 완벽 추구형은 문제가 훨씬 더 심각합니다. 자신과는 다른 아이의 행동을 용납하지 못하기 때문에 끊임없는 스트레스에 시달리는 것입니다.

미운 네 살이라는 말이 틀리지 않음을 증명이라도 하듯 오늘도 은애는 화장대에 있던 립스틱을 얼굴과 거울에 마구 칠해 엉망으로 만들어 놓았습니다. 어머니는 자신도 모르게 큰소리를 치고 맙니다.

"너 엄마가 이거 만지지 말라고 몇 번이나 말했어. 엄마한테 한번 맞아

볼래!"

　어머니는 순간적으로 욱하는 마음에 손으로 은애의 엉덩이를 때립니다. 은애가 큰 소리로 울기 시작하자 그제야 이성을 찾은 어머니는 '왜 좀 더 이성적으로 행동하지 못했을까'라고 자책하게 됩니다.

　많은 부모들이 은애 엄마처럼 '어째서 나는 항상 아이에게 야단을 칠까. 왜 좀 더 이성적으로 행동하지 못할까' '아이를 확실하게 파악하지도 못하면서 왜 짜증부터 내는 것일까'라는 생각을 합니다.

　자신의 분노와 결점이 아이에게 얼마나 나쁜 영향을 미치고 있는지를 알게 되면 부모의 괴로움은 점점 커집니다. '어째서 난 이런 말만 되풀이하며 살고 있지?' '나는 왜 아이와 잘 지낼 수 없는 걸까'라는 의문에 시달리기도 합니다.

　성서에 "선만을 행하고 죄를 범하지 않는 올바른 사람은 이 세상에 없다"라는 말씀이 있습니다. 인간은 완벽하지 않습니다. 그럼에도 불구하고 누구나 부모는 완벽해야 한다고 생각합니다.

『토라』에는 '완벽하라' 따위의 말은 어디에도 적혀 있지 않습니다. 오히려 현자들은 "일을 완벽하게 처리할 의무는 없지만 그것을 내팽개치는 것은 용서할 수 없다"고 가르치고 있습니다.

결국 해야 할 일은 최선을 다해 열심히 하되 그 결과가 성공인지 아닌지는 그다지 중요하지 않다는 말입니다. 이것을 알기 때문에 아이를 나무라는 스스로에게 분노가 치밀게 됩니다. 자기 또한 이상적인 부모가 아니라는 죄책감 때문에 분노하는 것입니다.

이처럼 죄책감의 내부에는 분노가 담겨 있습니다. 자기가 하는 일이 완벽하지 않으면 지나치게 책망하거나 괴로워하는 것입니다.

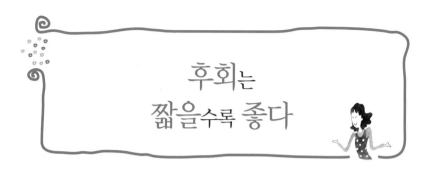

후회는
짧을수록 좋다

설령 완벽주의자가 아니더라도 죄책감에 빠지는 경우가 종
종 있습니다. 그것이 잘못을 했을 때 느끼는 감정이거나 그 잘
못을 되풀이하지 않겠다는 결심을 촉구하는 것이라면 건전하
고 건설적이라고 말할 수 있습니다. 이것이 '테슈바'라고 하는 『토라』에서
의 행동 수정법입니다.

랍비 왓사만은 테슈바를 세탁소 사람에 비유하고 있습니다.

"만약 세탁소가 없었다면 옷이 더러워질 때까지 입고 그냥 버릴 것이
다."

그는 '자기비판'이란 옷을 벗어버리는 것과 같으며 '테슈바'는 옷의 찌든
때를 없애주는 것과 같다고 했습니다.

테슈바는 도둑질과 같은 명백한 죄를 뉘우치기 위해서만 행하는 것이
아니라 분노와 질투 그 외의 나쁜 성격을 고치기 위해서도 쓰입니다.

이러한 성격은 뿌리째 뽑아버리는 것이 상책입니다.

테슈바를 실행할 수 있을지 어떨지는 자기의 의지에 달려 있습니다. 즉 하늘로부터 부여받은 선택의지라는 능력이 테슈바의 기초가 되는 것입니다.

일부에선 인간의 선택의지가 행동을 지배한다는 것은 이론적으로 인정할 수 있지만 실천은 불가능하다고 합니다. 사람은 유전자와 환경의 영향을 받기 때문에 변화하려 해도 변화할 수 없다는 것입니다. 물론 유전자와 환경의 영향이 우리들의 행동을 규제하고 있다는 것을 부정할 수는 없습니다.

그러나 인지심리학의 관점에서 말하면, 습관을 최초로 만들어낸 신념과 사고의 패턴을 그대로 고수하려 하기 때문에 행동을 바꾸려 하지 않는 것입니다. 이러한 신념과 사고의 패턴에는 이치에 맞지 않는 것이 많은 것 같습니다.

우리들이 어릴 때 마주친 일상의 여러 가지 사건을 자기 나름대로 해석하여 만들어낸 것이 신념이 되고, 사고의 패턴이 되기 때문입니다.

그러나 성인이 된 지금은 좀 더 이치에 맞는 새로운 해석이 가능해졌고, 그렇게 하면 과거의 영향으로부터 스스로를 해방시킬 수도 있을 것입니다.

그렇다 해도 문제가 간단하게 해결되는 것은 아닙니다. 우리들의 사고, 즉 '스스로와의 대화'는 보통 무의식적이고 순간적으로 이루어지고 있습니다. 아무리 노력해도 그것을 깨닫고 확인하는 것이 고작입니다.

사고방식을 바꾸고 싶어도 워낙 습관처럼 몸에 밴 행동을 바로잡기란 쉽지 않지요.

테슈바는, 순간의 잘못은 곧 후회하고 바로잡지만 오랜 세월 습관이 되어버린 것은 일단 행동을 바꾸고 나서 마음으로 후회해도 늦지 않다고 가르칩니다.

잘못된 순서로 테슈바를 행하면 스스로 한 일 때문에 비탄에 빠지기도 하고, 자기개혁 따위는 할 수 없다고 믿어버릴 것입니다. 바꾸어 말하면 후회가 길어질수록 자신을 포기하는 일이 많다는 겁니다.

도덕운동의 창시자인 랍비 이스라엘 살란터는 "성격을 바꾸는 것은 고통스러운 가시밭길을 걷는 것과 같다"고 했습니다.

그는 "성격 하나를 바꾸기보다 『탈무드』 전부를 공손히 공부하는 편이 낫다"라는 명언으로 유명한 사람입니다.

진보하는 데 있어서 후퇴는 필연적인 과정이라는 것을 잊지 마세요.

인격 형성이란 원래 느긋하게 이루어지는 것입니다. 자기 의지로 무턱대고 바꾸려 하면 곧 한계에 부딪혀 노력할 마음조차 없어져버릴 수 있습니다.

모든 부모가
다 똑같을 수는 없다

모든 일을 자신의 주관대로 판단하고 평가하는 것은 종종 중대한 시행착오의 원인이 되기도 합니다.

인내심을 가지고 자녀를 교육시키는 것이 부모의 도리라고 생각한 나머지 끊임없이 '좀 더 참아야 한다'고 자신에게 강요하는 것은 지나친 기대라 할 수 있습니다. 천사가 아닌 이상 완벽한 인내심을 발휘하기란 쉽지 않은 일이지요.

또한 자기의 생각이 옳은지 의문을 가져보는 것도 필요합니다. '나는 왜 항상 아이를 무작정 야단치는 것일까'라는 것은 분명히 과장입니다. 문자 그대로 24시간 내내 아이에게 야단만 치는 부모는 없습니다.

아무런 근거 없이 자기비판을 하는 부모도 있습니다.

아이가 식사시간에 식탁 앞에 잘 앉아 있지 못한다고 합시다. 얼마 전까지는 밥그릇을 들고 아이를 쫓아다니면서 밥을 먹여야 했습니다. 그러나 근래 들어 주변의 경험자들과 전문가의 조언으로, 식사시간에 밥을 먹지 않으면 억지로 먹이지 않고 치워버립니다. 그리고 나중에 자녀가 밥을 달라고 해도 주지 않습니다. 그래야 잘못된 식습관을 고칠 수 있다고 생각했기 때문입니다. 하지만 배가 고프다고 우는 아이를 보며 어머니는 이런 생각을 합니다.

'아이를 위해서라면 이게 최선이지만, 저렇게 배고파서 우는 아이를 외면하면 독한 엄마가 되는 것이 아닐까.'

이렇게 시종일관 스스로의 흠을 들추어내는 것입니다. 이런 어머니들은 항상 자신이 아이들에게 뭔가 부족하다고 생각합니다.

왜 그럴까요?

여러 가지 원인이 있겠지만 무엇보다 다른 사람과 자기를 비교하는 데서 오는 부작용이 주요 원인입니다.

아이에게 엄격하게 해놓고는 좀 부드럽게 해야 했다고 후회하고, 부드럽게 해놓고는 좀 엄격해야 했다고 생각합니다.

어머니로서 나는 어느 정도인지 다른 어머니와 자신을 비교하고 싶어합니다. 이럴 때 어느 쪽으로든 이웃의 어머니 쪽이 뛰어나면 자기비판이 강하게 고개를 쳐드는 것입니다.

인간적인 가치에 대해서 자신을 다른 사람과 비교하는 것은 좋지 않습니다. 물론 다른 사람의 훌륭한 행동을 배우는 것은 바람직한 일입니다. 이웃의 어머니가 아이에게 너무도 참을성 있게 대하면 그 사람을 관찰하여 테크닉을 배울 수는 있습니다. 하지만 이러한 모방은 비교를 그만두었을 때 비로소 효과를 발휘합니다.

자기를 높이 평가하기 좋아하는 사람은 상대적으로 열등감에 사로잡힐 위험이 높습니다. 좋은 일을 하고 자기를 높이 평가하면 자존심이 부풀어오르지만, 좋지 않은 일을 하고 평가가 내려가면 자존심 때문에 버티지 못합니다.

자존심 상하는 일로 괴로워하지 않기 위해서는 스스로를 평가하는 것을 그만두어야 합니다.

자기에게 어떠한 평가가 내려질 것인가는 애써 생각하지 않아도 됩니다. 사람의 진가란 누구도 알 수 없는 것입니다. 이런 일은 신에게 맡기는 수밖에 없습니다. 사람은 신과 비슷하게 창조되었기 때문에 누구나 잠재적인 가치가 있다는 것만 알면 충분합니다.

어떤 현자는 스스로를 향해 항상 이렇게 말하라고 했습니다.

"세계는 나를 위해 만들어진 것이다."

 우리 부모들은 간혹 필요 이상으로 아이에게 화를 낸 경우 사과하는 것이 좋은지 어떤지 고민을 합니다.

어느 날, 아이가 연락도 없이 집에 늦게 돌아왔습니다. 무슨 일이라도 생겼을까 몹시 걱정했던 어머니는 아이가 들어오자마자 화부터 냅니다.

"너 지금이 몇 시인 줄 알아? 엄마, 아빠가 얼마나 걱정했는데. 전화도 없고, 학원에서는 집에 갔다 그러고. 넌 집에서 걱정하는 것도 생각 안 하니? 도대체 어디 가서 놀다 이제 들어오는 거야?"

주눅이 든 아이는 아무 말도 못하고 고개를 숙인 채 닭똥 같은 눈물만 뚝뚝 흘립니다.

"뭘 잘했다고 울어. 한 번만 더 늦게 들어오면 알아서 해!"

어머니는 화가 머리 끝까지 나서 아이에게 야단을 칩니다.

다음 날, 집으로 한 통의 전화가 걸려옵니다. 전날 저녁 아이의 도움으로, 시골에서 올라온 어머니가 무사히 집을 찾아왔다며 할머니의 아들이 고맙다고 한 전화였습니다. 어머니는 그제야 아이가 할머니를 도와주느라 늦었다는 사실을 알게 됩니다. 이유도 묻지 않은 채 화부터 낸 어머니는 아이에게 미안한 마음이 듭니다.

그러나 막상 아이에게 사과를 하자니 부모로서 처신이 떨어지는 것 같아서 어머니는 망설이게 됩니다.

만약 당신이 이 어머니라면 어떨까요?

아무리 부모라 해도 부당하게 화내는 것은 옳지 않다는 사실을 아이에게 알려주어야 합니다. 옳지 않은 부모의 태도를 얼렁뚱땅 넘겨버리

41

면 아이는 자기도 잘못했을 때 사과하지 않고 대충 넘겨도 된다고 생각해 버립니다.

테슈바에는 어떤 경우에도 폐를 끼치면 상대방에게 사과해야 한다고 되어 있습니다.

랍비 왓사만은 "부모가 잘못했을 때 반드시 아이에게 사과해야 한다. 그렇게 함으로써 아이와의 관계도 좋아진다"고 했습니다.

그런데 부모가 사과를 하면서도 떨떠름한 태도로 "엄마가 널 좀 심하게 야단치긴 했지만 그건 다 너 잘되라고 그런 거야"라고 한다면 아이는 진심으로 사과하는 법을 배울 수 없게 됩니다. "어제는 그렇게까지 심하게 야단치지 않아도 됐는데, 미안하다"고 명쾌하게 사과하는 것이 좋습니다. 잘못을 인정하는 태도 역시 사과하는 것만큼이나 중요하기 때문입니다.

아이는 부모가 하는 것을 그대로 보고 배우게 마련입니다. 그러므로 자기의 잘못을 깨닫고 사과하는 것이 옳다는 것을 깨우쳐주려면 먼저 부모가 아이의 거울이 되어야 합니다.

아이에게 관심이 부족하다고 자책하지 마라

아이에게 관심을 가져야 한다고 주장하는 지침서들이 너무나 많아서 그런지 최근 자녀교육에 대한 부모들의 관심과 걱정이 하늘을 찌를 정도입니다. 특히 직장생활을 하는 어머니들은 아이에게 신경을 많이 쓰지 못한다는 생각에 죄책감에 시달리곤 합니다.

좀 더 많은 시간을 아이와 함께 있고 싶은데 그럴 수 없는 어머니의 괴로움은 이루 말할 수 없겠지요. 어머니가 항상 아이 곁에 있다면 교육상 유리한 부분이 많은 것도 사실입니다. 그러나 함께 지내는 시간의 많고 적음이 아이에 대한 관심의 척도가 되는 것은 결코 아닙니다.

이렇게 생각해 보는 것은 어떨까요? 당신이 24시간 집에 있어도 모든 관심을 아이한테만 쏟지는 못할 거라고.

전업주부들도 마찬가지입니다. 집에 있다고 해서 온종일 아이만 바라

보고 살 수는 없습니다. 나름대로 일이 있을 것이고, 어른들이 생각하는 것만큼 아이가 늘 부모의 관심을 필요로 하지도 않습니다.

오히려 아이가 필요 이상으로 어머니의 관심을 요구하고 응석을 부릴 때는 조용하고 무심한 어조로 "엄마는 지금 바쁘단다. 이제 조금 있으면 틈이 나니까 그때 같이 인형 놀이하자"고 하면 아이는 그때까지 기다립니다. 처음에는 "엄마, 엄마!" 하고 자꾸 부르던 아이도 시간이 지나면 항상 부모의 관심을 끌 수 없다는 것을 인식하게 됩니다.

물론 자녀를 위해서 '특별한' 시간을 갖는 게 좋다는 이론이 틀린 것은 아닙니다. 그러나 중요한 것은 시간이 아니라 부모의 애정에 대한 확실한 믿음과 자녀와 함께 하는 시간의 질입니다. 항상 함께 하지는 못하지만 부모에게 변함없는 사랑을 받고 있다고 생각하는 아이들은 '특별한' 시간을 필요로 하지 않습니다.

Part
03

다른 사람의 눈을
두려워하지 마라

아이의 행복에
집착하지 마라

사실 말하기는 쉽지만 행동하기는 어려운 것이 자녀교육입니다. 늘 일관된 태도로 대해야 한다는 걸 알고는 있지만 때때로 '아이한테 너무 모질게 대하는 건 아닌가' 하는 회의가 들기도 합니다.

한 어머니는 아이가 너무 살이 찔까 걱정스러운 마음에 간식을 일체 주지 않습니다.

"엄마, 나 빵 하나만 먹으면 안 될까요?"

"안 돼, 너 다이어트 해야 돼. 어른이 되어서도 뚱뚱한 사람이 되고 싶어?"

"빵 하나 먹는다고 뚱뚱해지지 않아요."

"한 개가 열 개가 되는 거야. 지금부터 관리해야 돼. 이게 다 너를 위한 거야."

몇 번 보채던 아이가 시무룩한 얼굴로 방에 들어가자 어머니는 생각하게 됩니다.

'내가 너무 심했나. 괜히 상처 입히는 거 아닐까.'

이처럼 자기 마음대로 하지 못해 시무룩해하거나 심지어 서럽게 우는 아이를 보면 '이게 아닌데' 하면서도 쉬 꺾이는 게 부모의 마음입니다.

'혹시 이러다 우리 아이가 잘못되는 건 아닐까?'라는 생각과 함께 어쩌면 자기가 아이한테 돌이킬 수 없는 잘못을 하고 있는지도 모른다는 괴로움, 자신의 교육방침이 과연 옳은가에 대한 우려가 부모들을 종종 무디게 만드는 것입니다.

아무리 확고한 철학을 가지고 아이를 교육시키는 부모들도 이러한 우려의 감정 다시 말해 '뭔가 찜찜한' 감정에서 완전히 자유로울 수는 없습니다. 눈앞에서 아이가 힘들어하는 모습을 지켜봐야 하기 때문이지요.

그렇다면 이렇듯 부모의 마음을 약하게 만드는 생각은 어디에서 비롯되는 걸까요?

대개 그것은 잘못된 두 가지 정서 때문입니다. 첫 번째, 인생의 목표는 행복에 있고 두 번째, 아이를 행복하게 하는 것은 부모의 의무라는 것입니다.

아이가 행복해지기 위해서라면 뭐든 마음대로 할 수 있도록 도와주어야 하는 것이 부모의 역할이라고 생각하는 것입니다.

바로 그런 이유로 어머니들은 "아이가 행복할 수만 있다면 뭐든지 하겠다"는 말을 자주 합니다. 물론 자식을 사랑하는 부모의 애틋한 마음을 헤아린다면 이보다 더 아름다운 사랑이 어디 있겠습니까? 문제는 그러한 사랑이 자녀를 훌륭한 인격체로 성장시키는 데 그다지 큰 도움이 못

된다는 사실입니다.

이 세상의 모든 부모들은 자기 아이가 행복해지기를 바랍니다. 그러나 아이를 행복하게 하는 것이 부모의 의무라고 생각하는 것은 잘못입니다.

비록 행복이 인생에서 가장 중요한 것이라 해도 자녀에게 당장의 행복 그 자체를 주고자 하는 부모는 실패할 것입니다. 다음은 19세기 영국의 위대한 철학자 존 스튜어트가 행복에 대해 말한 것입니다.

"나는 지금까지 행복이 모든 행동 규범의 시금석이고, 그것이 인생이라고 생각해왔습니다. 그러나 이제는 행복해지는 것을 목적으로 하지 않는 것이 행복을 느끼는 유일한 방법이라고 생각합니다. 즉 무슨 일이든 열심히 하는 것 자체가 행복이라는 것입니다. 실제로 그런 생각이 나를 얼마나 행복하게 하는지 모릅니다. 사람들이 모두 행복만을 추구한다면 우리

사회가 얼마나 삭막해질지는 불을 보듯 뻔한 일 아니겠습니까?"

현대의 교육가들도 비슷한 이론을 펼치고 있습니다.

"자녀를 행복한 상태에 두고자 한다면 미래는 결코 행복하지 않다. 그런데 아직도 우리 주변의 어머니들은 이런 잘못을 범하고 있다. 진정으로 자녀를 행복하게 기르고 싶다면 무엇보다도 믿음직스럽고 근면하고 정직하고 다른 사람의 마음을 헤아릴 수 있는 아이로 키우는 것, 자녀를 행복하게 해주는 길은 바로 그런 것이다."

때로는 자녀의 소망을 무시하라

누구나 원하는 것을 다 충족시키며 살 수는 없습니다. 인간의 '욕망'이라는 본능 때문이지요. 우리 모두 그런 욕망을 억제하고 때론 극복하기도 하면서 하나의 인격체로 성장해가는 것입니다. 그런데 왜 유독 부모들은 아이가 원하는 걸 다 해주어야 한다고 생각하는 걸까요?

우리는 갖고 싶은 것을 모두 가질 수 없다는 사실을 알고 있습니다. 아이들도 어릴 때부터 그러한 사실을 배워야 합니다.

한 가지 사례를 살펴봅시다.

영아는 며칠 전부터 휴대전화를 사달라고 엄마를 조르고 있습니다.

"엄마, 딱 한 번만 응?"

"안 돼! 초등학생이 무슨 휴대전화야. 매일 학교에서 친구들 얼굴 보는데 그게 왜 필요해."

"친구들은 다 가지고 있단 말이야."

영아는 삐쳐서 방으로 들어가 문을 쾅 닫아버립니다.

"아니, 쟤가……"

딸의 행동에 화가 나지만 한편으로는 마음이 편치 않은 것이 부모의 마음입니다.

이런 경우 부모들은 자녀를 진정으로 위하는 길이 어떤 것일까 고민하게 됩니다.

하지만 '아이의 행복을 위해서'라는 구실로 뭐든 해달라는 대로 다 해주려는 부모는, 결과적으로 아이와 자신 모두를 불행에 빠뜨리기 쉽습니다. 모순처럼 들릴지 모르겠지만 아이에게 너무 주기만 하면 오히려 아이로부터 기쁨을 빼앗는 것과 다를 바가 없습니다.

아이들은 갖고 싶은 것이 수중에 들어왔을 때만 겨우 기쁨을 느끼기 때문입니다. 갖고 싶은 욕구가 없으면 기쁨도 없습니다. 무엇이든 손쉽게 얻어지면 감사하는 마음도 생기지 않는 것과 같은 이치입니다.

자녀를 귀하게 여기는 것과 사랑하는 것은 엄연히 다릅니다. 현대 심리학에서는 아이에게 애정을 표현하는 것이 중요하다고 강조하지만, 동시에 그 표현 방법으로써 응석을 받아주는 것만은 자제하라고 역설합니다.

결국 진정한 애정이란, 아이들의 희망을 성취해 주는 것과는 다른 의미라는 것이지요.

그 아이에게 꼭 필요하다고 생각되는 것을 주는 것이 진정한 애정 표현입니다. 아울러 필요에 따라 아이에게 제약을 가하는 것도 애정의 일부분입니다. 마음의 배려와 애정을 바탕으로 한 제약은 결코 부모를 향한 자녀의 사랑을 손상시키지 않는 법입니다.

비록 부모가 자녀에게 냉정하고 엄격하게 대하더라도 훗날 자녀가 "나는 행복한 성장기를 보냈다"고 말할 수 있도록 키우십시오.

지금 자녀가 당장 들어줄 수 없는 요구를 하고 있다면 이렇게 말해 보십시오.

"실망시켜서 안됐지만 그건 들어줄 수가 없단다. 지금 네 나이로 보나 우리집 형편으로 보나 그건 나중에 사주는 게 나을 것 같구나. 지금 네 부탁을 들어주면 나중에 엄마도 너도 후회할 것 같아서 그래. 하지만 엄마가 얼마나 널 사랑하는지 알고 있지?"

부드러운 미소와 애정이 듬뿍 담긴 목소리로 자녀를 설득한다면 아이는 머지않아 스스로 부모의 깊은 뜻을 깨우치게 될 것입니다. 그러나 앞뒤 설명 없이 "이게 다 널 위해서라는 걸 모르겠니?" 하는 식으로 윽박지르지는 마십시오.

부모가 약해지면 아이는 더 억지를 부린다

원하는 대로 되지 않으면 아이는 투덜대고 울음을 터뜨리는가 하면 토라지기도 하고 노려보기도 하면서 불만을 표시합니다. 이럴 때 아무리 속상하더라도 부모가 갈팡질팡해서는 안 됩니다. 모든 것이 자기가 원하는 대로 되는 것이 아니라는 것을 아이가 알도록 해야 합니다.

어린 자녀를 둔 어머니들은 아이를 위한다는 생각에서 마음을 독하게 먹었다가도 울음을 터뜨리면 귀찮아서 그 뜻을 받아주는 일이 많습니다.

그러나 이렇게 해서는 결코 올바른 자녀교육이 될 수 없습니다. 한번 그런 식으로 뜻을 이룬 아이들은 계속해서 어머니의 뜻을 꺾으려 할 테니까요.

또 어떤 부모는 시끄러워지는 것이 싫다는 이유로 안 된다고 말하고 싶은 것을 참고 허락해 버립니다.

"엄마, 저 로봇 사줘."

"지난번에도 아빠가 사주셨잖아? 너 집에 로봇이 몇 개인 줄 알아?"

"싫어, 지난번 거랑 다르단 말이야. 로봇 사줘!"

한참 실랑이를 벌이던 아이는 엄마가 사줄 의사가 없음을 알고는 길바닥에 벌렁 누워버립니다. 지나가는 사람들은 우는 아이와 어쩔 줄 모르는 어머니를 번갈아 쳐다보고 갑니다. 어머니는 몇 번 주의를 줘도 아이가 말을 듣지 않으면 사람들 보기가 창피해서 어쩔 수 없이 요구를 들어주게 됩니다.

일단 부모와 자녀의 갈등은 피할 수 있습니다. 하지만 아이는 그런 방법에 길들여지고, 점점 버릇없이 성장하게 될 것입니다.

이 부분을 잘 해석하고 능숙하게 대처하십시오.

랍비 히르슈는 "아이의 반항적인 태도 때문에 부모의 도리를 저버려서는 안 된다. 아무리 아우성치더라도 현명한 부모는 아이의 고집을 꺾을 수 있어야 한다. 번거로운 것을 피하자고 아이한테 손들어 버리면 교육은 실패로 돌아간다"고 했습니다.

당장 주변이 시끄러워지는 것을 모면하기 위해 아이의 인생에서 가장 중요한, 욕구불만에 대처하는 힘을 잃어버리게 만들 수도 있다는 것입니다.

어떤 어머니들은 '안 된다'고 말하면 혹시 아이가 기죽지는 않을까 심각하게 걱정합니다만 이는 기우일 뿐입니다. 몇 차례 '기가 죽는' 불쾌한 경험이 아이들에게는 세상을 의연하게 살아갈 수 있는 큰 힘이 된다는 걸 잊지 마십시오.

부모에게 무례하게 굴 때는 단호하게 야단쳐라

 저녁식사를 하다가 말고 장난감을 가지고 놀던 아들이 아버지에게 야단을 맞습니다.

"밥 먹을 때는 식탁에 앉아서 밥만 먹어야지."

"여보, 그만해요. 유노야, 아빠 말 들어야지."

어머니는 아버지의 눈치를 보면서 유노를 식탁 쪽으로 잡아당깁니다. 하지만 유노는 장난감을 손에서 놓지 않으려고 합니다. 화가 난 아버지는 더 큰소리로 야단을 칩니다.

"너 아빠 말 안 들을 거야? 밥 먹을 때는 식탁에 앉아서 먹어야 한다고 했지!"

무섭게 호통을 치자 유노가 갑자기 손에 쥐고 있던 장난감을 바닥에 던지면서 "아이, 씨"라고 말합니다.

대개의 아이들은 몹시 화가 나고 짜증이 나면 물건을 던지거나 문을 요

란하게 닫고 밉살스러운 말씨를 쓰며 부모에게 반항합니다. 때로는 폭력을 휘두르기도 합니다. 이때 부모는 당황한 나머지 아이를 달래려고 합니다. 하지만 이래서는 아이의 인내심을 약하게 만들 뿐 공격성은 더욱 심해집니다.

어렵겠지만 이때 부모는 단호한 태도를 보여야 합니다. 아이가 하는 행동에 당황하지 않도록 하십시오. 만일 부모에게 욕을 한다면 "그런 무례한 말투는 나쁜 아이들이나 쓰는 거야"라고 따끔하게 야단친 다음 아이가 마음을 가라앉힐 때까지는 무시합니다. 만약 물건을 망가뜨린다면 아이가 자제심을 회복할 때까지 방 밖 혹은 집 밖에 나가 있으라고 냉정하게 타이르십시오.

간혹 제 고집대로 되지 않으면 부모를 때리는 아이들도 있습니다. 울부짖으며 발로 차고 물건을 집어던지기도 합니다. 이런 경우에는 아무리 나이 어린 자녀라 할지라도 그냥 넘어가선 안 됩니다. 폭력만큼은 어떤 경우라도 용납될 수 없다는 것을 뿌리 깊이 인식시켜야 합니다. 혼자힘으로 아이를 당해낼 수 없다면 다른 어른의 도움을 빌려서라도 중지시키십시오.

아이를 향한 고통과 분노라는 자기 감정보다 아이가 평생 '해서는 안 될일'을 다시는 반복하지 않도록 냉정하고 확고한 태도를 보여주어야 합니다. 어떤 부모는 자녀가 어리다는 이유로 규칙과 질서를 가르치는 일을 다음으로 미루거나 대수롭지 않게 생각하는 경우가 있습니다. 그러나 이것은 잘못된 생각입니다. 세 살 된 아이도 규칙과 질서를 충분히 지킬 수 있으므로 자녀가 어릴 때일수록 해야 할 일과 해서는 안 되는 일을 분명히 가르쳐 주어야 합니다.

이때 아이는 스스로 폭력을 휘두르면서도 자신의 행위에 놀라고 있을 겁니다. 그 행동으로 부모에게 버림받지는 않을까 두려워할 것입니다. 부모는 아이의 그런 미묘한 심리를 헤아려야 합니다. 즉 폭력이라는 행위는 나쁘지만 아이는 여전히 소중한 자녀임에 틀림없다는 사실을 확실하게 인식시켜야 한다는 것입니다.

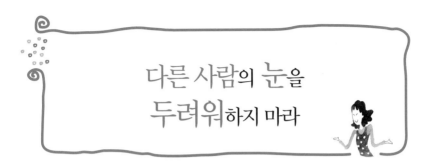

다른 사람의 눈을
두려워하지 마라

손님 앞이나 공공장소에서 아이가 울어대면 대개의 부모들은 조바심을 내기 마련입니다.

하루는 준기와 어머니가 함께 백화점에 갔습니다. 장난감 매장을 지나던 준기는 자신이 좋아하는 장난감 자동차를 발견합니다. 그때부터 준기가 떼쓰기 시작합니다.

"엄마, 나 이 자동차 갖고 싶어. 사줘."

"집에 장난감 많아. 안 돼!"

어머니의 단호한 말에 아이는 더 큰 소리로 떼를 씁니다. 그래도 안 된다고 하자 아예 울음을 터뜨리고 맙니다.

이런 경우 대부분의 부모는 '다른 사람들이 나를 어떻게 생각할까' 또는 '남들에게 공연한 폐를 끼친다'는 자격지심 때문에 우선은 아이를 달래느라 정신이 없습니다. 그렇게 해서 소동이 무마된다 해도 자녀교육은 실패한 것입니다.

그때부터 아이는 사람들 앞에서 아우성치면 갖고 싶은 것을 손에 넣을 수 있다고 생각합니다. 부모가 다른 사람의 눈을 두려워하고 있다는 사실을 본능적으로 깨닫는 것입니다. 공공장소에서 유난히 큰 소리로 우는 아이들은 바로 이런 부모의 약점을 파악한 것입니다.

다른 사람의 이목이나 체면 때문에 아이의 버릇없는 행동을 눈감아 주어선 안 됩니다. 다른 사람의 이목을 너무 신경 쓴 나머지 그 상황을 적당히 덮어버리면 훗날 자녀의 버릇을 고칠 수 없게 됩니다.

자녀가 커갈수록 부모는 교육에 한계를 느끼고, 아이는 사회생활에 적응할 수 없게 됩니다. 이 세상에 부모 같은 사람들만 있는 줄 알고 성장했을 그 아이의 미래를 한번 상상해 보십시오.

그렇다면 어떻게 해야 현명하게 대처하는 것일까요?

언제나 가능한 방법은 아니지만, 우선 아이를 조용한 곳으로 데려가는 것이 좋습니다. 적당히 자리를 옮길 방법이 없다면 아이가 제풀에 지칠 때까지 부모는 절대 난처해하는 모습을 보이지 말아야 합니다. 대신 주위 사람들에게는 "시끄럽게 울어서 정말 죄송한데요, 지금 아이 버릇을 고쳐주려고 하는 중이니 이해해 주세요"라며 양해를 구하도록 합니다.

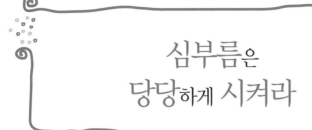

심부름은 당당하게 시켜라

요즘 어머니들은 자녀를 너무나 사랑한 나머지 때로 아이들의 수족처럼 행동할 때가 있습니다. 심부름시키는 것을 미안해하거나 심지어 아이들 심부름을 대신 해주는 어머니들도 있습니다.

아이에게 무슨 일이든 시키려면 '나 편하자고 그러는 것 같아서' 영 마음이 좋지 않다고 말하는 어머니들도 있더군요. 그러니 아이들은 손 하나 까딱 안 하고 밥 먹을 때는 물 달라, 숙제할 때는 지우개 가져와라 연필 가져와라 하는 겁니다.

또 그 정도는 아니더라도 '숙제도 많은데 청소를 시키는 것은 너무하는 게 아닌가? 차라리 내가 하는 게 말끔할 텐데' 하면서 아이에게 평소 시키던 일을 그만두게 하는 경우도 있습니다.

이런 생각들은 모두 나보다는 아이를 먼저 챙기려는 어머니들의 심리에서 비롯된 갈등입니다. 하지만 부모의 이런 생각들이 결국에는 아이의 자립심과 협동심을 기르는 데 장애물이 된다는 사실을 알아야 합니다.

부모의 태도가 애매하면 그 미묘한 갈등이 아이에게 전달될 수밖에 없습니다. 심부름을 시키면서도 뭔가 염치없는 일을 하고 있는 것 같아서 자기 판단에 확신을 갖지 못하는 부모에게 아이는 불신감을 품게 되고 점점 방자하게 행동합니다.

어머니가 몸이 아파서 "얘야, 식탁 위에 있는 그릇들 좀 치워주겠니?" 했을 때 아이가 "싫어! 엄마가 해야 할 일인데 왜 나한테 시키는 거야?"라고 한다면 화가 나게 마련입니다. 이럴 때 자기도 모르게 "내가 널 어떻게 키웠는데…… 애지중지해 봐야 다 소용없지" 하는 소리가 나오는 겁니다.

이는 항상 아이를 제일로 꼽아왔기 때문에 어머니 자신이 스스로를 소외시켜버린 결과입니다. 나를 위해서가 아니라 아이를 위해 심부름을 시키는 거라고 생각했다면 그런 쓸쓸한 결과를 자초하진 않았겠지요.

하고 싶지 않은 일을 아이의 재촉에 못 이겨 들어주는 것도 좋지 않습니다. 매일 읽어주던 동화책을 아이가 읽어 달라고 가져왔을 때 사실 당신은 마음이 별로 내키지 않았습니다. 그럴 때 아이가 두 번 세 번 재촉한다면 약간 짜증이 나겠지요.

"알았어, 좀 가만히 있으란 말이야…… 너 자꾸 조르면 안 읽어줄 거야?"

만약 이렇게 말해놓고 무리를 해서라도 책을 읽어준다면 아이가 기뻐할까요?

아이들은 누구보다 민감하게 어머니의 심리상태를 파악하기 때문에

이런 상황에서는 전혀 기쁜 마음을 가질 수 없습니다.

무리한 요구를 들어주면서까지 아이가 그 순간 행복해하리라 기대하지 마십시오. 차라리 "미안하지만 엄마가 나중에 읽어주면 안 될까?" 하고 명랑하게 아이의 의견을 물어보세요. 아마도 아이는 기꺼이 수긍하거나 섭섭하더라도 어느 정도까지는 기다려줄 것입니다.

자녀한테 미움받는 것을 두려워하지 마라

옳은 일인데도 자녀가 싫어한다는 이유로 단호하게 행동하지 못하는 경우가 있습니다. 자녀의 반발심이 혹 부모에 대한 미움으로 이어질까 두려워하기 때문이지요. 어떤 부모는 아이가 불만스러워하는 눈치를 조금만 보여도 자기는 좋은 부모가 아니라며 괴로워합니다.

좋은 부모가 되고 싶다면 먼저 아이의 만족과 부모의 역할을 따로 떼어놓고 생각할 줄 알아야 합니다. 아이에게 만족을 주는 것만이 부모의 역할은 아닙니다.

좋은 부모도 때로는 아이를 울릴 수 있습니다. 이럴 때 아이가 "엄마 미워!" "다신 엄마랑 안 놀아!" "엄마 바보!" 등의 심한 말을 해도 절대 상처받을 필요가 없습니다. 단지 아이는 부모의 인격 그 자체와 부모의 행위를 혼동하고 있을 뿐입니다.

아이가 다소 불만스러워하더라도 결코 흔들리지 말아야 합니다. 이것은 자녀교육에 임하는 부모로서 반드시 지켜야 할 규칙입니다. 대부분의 부모들은 자기가 열심히 노력하고 애쓰는 만큼 아이가 행복하리라 믿습니다. 하지만 그런 판단은 대단히 비현실적인 기대입니다. 부모가 아무리 지극한 마음으로 베풀어도 아이는 실망할 수 있으니까요.

가령 몸이 아픈 아이에게 약을 먹인다고 가정해 보세요. 어머니는 어떻게 해서든 건강한 아이의 모습을 보고 싶지만 어린아이 입에 쓴 약이 제대로 들어갈 리가 없습니다. 억지로라도 약을 먹이려는 엄마를 향해 아이가 "미워, 싫어!"라고 합니다. 어머니가 그 말에 상처를 받아서 약 먹이기를 단념한다면 어떻게 될까요? 아마 그때는 수습할 수 없는 상황이 벌어질 수 있겠지요.

좀 더 큰 아이들의 경우도 마찬가지입니다. 부모가 옳다고 정한 일이지만 아이들은 귀찮고 싫어서 거부할 수 있습니다. 자신의 의사를 표현하기 위해 온갖 불평과 험악한 인상으로 부모의 의지를 꺾으려 들겠지요. 이럴 때 그들은 부모를 증오하거나 비판하는 게 아니라 다만 불쾌한 기분이 들었을 뿐입니다.

자, 이제 원칙을 정하세요.

'꼭 해야 할 일이라면 아이의 기분을 상하게 하는 일이 있더라도 끝까지 밀고 나간다!'

아이들은 부모가 결정한 것을 언제나 만족스럽게 생각하지 않습니다. 만약 당신이 항상 아이를 기쁘게 해주고 싶어 하는 부모라면 그 '기쁘게 해주고 싶은' 마음 때문에 반대의 결과가 나올 것임을 기억하십시오.

아이에게 일일이
변명하지 마라

  대부분의 아이는 이유를 명확하게 알려주면 말을 잘 듣습니다. 반면 부모가 말하는 이유가 어쩐지 석연찮게 여겨질 경우에는 사정없이 캐고 드는 게 아이들의 습성입니다.

다음은 초등학교 1학년 딸과 어머니의 대화입니다.

"엄마, 슬기 생일 선물 사게 1만 원만 주세요."

"애들 생일 선물이 무슨 1만 원이나 해. 5천 원만 가져가."

"5천 원은 너무 적어요. 다른 친구들도 다 그 정도는 해준단 말이에요."

"안 돼, 네 나이에는 5천 원도 많은 거야."

"그 돈으로는 살 게 없어요."

"여하튼 그 이상은 안 돼."

공교롭게도 이날 어머니는 5천 원밖에 갖고 있지 않았습니다. 그렇지만 굳이 딸에게 주머니 사정까지 말할 필요는 없다고 생각한 것입니다.

보기에 따라선 어머니의 행동이 독선적이지 않느냐, 딸에게 납득할 만한 설명을 해줘야 되지 않느냐고 할 수 있습니다.

초등학교 1학년인 딸아이는 어머니가 내세우는 주장이 온전히 납득이 가지 않을 수도 있습니다. 선물 살 돈으로 5천 원이면 충분하다는 것은 어머니의 주관적인 생각일 뿐이기 때문입니다.

결국 아이는 자꾸 왜냐고 따져 묻고, 어머니로선 변명거리를 찾아야만 합니다. 이때 "사실 돈이 5천 원밖에 없단다"라고 한다면 어머니는 아이에게 거짓말을 한 것이 됩니다. 처음에 "5천 원이면 충분해"라고 했던 말을 돈이 그만큼밖에 준비되어 있지 않다는 변명으로 바꿔야 하니까요.

이렇게 되면 아이는 끊임없이 어머니의 말꼬리를 잡고 늘어지며 "왜 돈이 없어요?" "왜 1만 원은 너무 많은가요?" 라고 따질 것입니다.

이럴 땐 아이가 반론을 제기해도 꾹 참고 더는 이유를 설명해 주지 않는 게 상책입니다. 자칫하다간 부모와 말싸움하는 걸 즐기는 버릇이 아이에게 생길 수도 있으니까요.

아이한테 화를 내거나 표정을 무섭게 하지 말고 상냥하고 부드러운 말투를 쓰도록 합니다. 아이가 계속해서 "어째서"를 물고 늘어진다면 "자꾸 불평하면 엄마도 기분이 안 좋아" 정도로 완곡하게 불편한 심기를 드러내는 것도 그다지 나쁘지 않습니다. 이렇게 해서 아이로 하여금 '이유가 마음에 들지 않더라도 부모가 결정한 것을 받아들였으면 한다'는 뜻을 전하는 것이 교육입니다.

아이가 알아듣기 쉽게 이유를 설명하려다 말싸움을 초래하는 경우도 있습니다. 늦은 시간에 아이가 아이스크림을 먹고 싶다고 조릅니다.

어머니는 아이가 "늦은 시간에 음식을 먹는 것은 몸에 좋지 않다"는 말을 이해 못할까 봐 "이제 잘 시간이잖니?"라고 이유를 말해 줍니다. 아이는 "왜 밤에는 아이스크림을 먹으면 안 돼요?"라는 물음으로 시작해서 끝없이 말씨름을 하려고 합니다.

사실은 다음 날 배탈이 날까 걱정되어 그렇지, 밤에 아이스크림을 먹어도 된다는 사실을 어머니도 알고 있습니다.

이럴 때 어머니가 처음부터 늦은 밤에 아이스크림을 먹으면 배탈이 날 수도 있다는 진짜 이유를 말해 주었더라면 언쟁을 피할 수 있었을 것입니다.

사실을 왜곡하는 것은 부모에게도 아이에게도 좋지 않습니다. 게다가 조작한 이유가 조금이라도 타당하지 않다면 아이는 예민하게 따지고 들 것입니다. 따라서 진짜 이유를 왜곡하지 않되 아이의 태도는 싹 무시하는 것이 가장 좋은 방법입니다.

칭찬과 격려의 한마디가
아이를 변화시킨다

칭찬에도 요령이 필요하다

아이는 태어날 때부터 자기의 존재를 인정받고 싶어 합니다. 흔히 '배냇짓'이라 부르는 갓난아이의 재롱도 알고 보면 부모에게 칭찬받고 귀여움을 받고 싶어서 하는 본능적인 노력입니다. 아이가 좋은 일을 하면 적극적으로 칭찬해, 부모를 기쁘게 하려면 어떻게 행동하는 것이 좋은가를 깨닫게 해줘야 합니다.

특히 소중한 사람 앞에서 아이들을 칭찬해 주면 그 효과가 커집니다.

아이가 낮에 엄마를 도와서 청소를 했다면 저녁시간 가족이 모두 식탁에 둘러앉았을 때 "오늘 우리 미주가 얼마나 대견한 일을 했는지 아세요?"라고 말합니다.

아버지가 "우리 미주가 오늘 무슨 대견한 일을 했을까?" 하고 놀라는 표정을 지으면 어머니가 "오늘 미주가 청소를 도와주었어요"라고 칭찬하는 말을 해줍니다.

　또 아침에 스스로 옷을 챙겨 입고 학교에 가는 아이에게 "이따가 저녁에 아빠 오시면 오늘 네가 혼자서도 옷을 잘 입었다고 자랑하자!"고 말해 두면 칭찬의 효과는 한층 더 커질 것입니다. 물론 커가는 아이들의 태도에는 칭찬보다는 나무랄 것이 더 많습니다. 하지만 열 번을 나무라는 것보다 단 한 번의 칭찬이 아이를 변화시킨다는 것을 꼭 명심하세요.

　집에서 늘 쿵쾅거리며 뛰어놀던 아이가 잠시라도 얌전해졌을 때 "참 착하다. 엄마가 조용히 놀라고 했더니 말 잘 듣네?"라고 한마디 칭찬하는 것을 잊지 말아야 합니다.

　칭찬하는 것도 훈련이 필요합니다. 주의하고 있지 않으면 모르는 사이 칭찬할 기회를 놓쳐버리고 맙니다. 또 때로는 아이가 칭찬받을 만한 행동을 하도록 부모가 유도해서 기회를 만들어주는 것도 중요합니다. 이를테면 스스로 우유를 따라 먹도록 시킨 다음 아이가 쏟지 않고 주의해서 따랐다면 그 노력을 칭찬해 주는 방법도 있습니다.

가장 효과적인 칭찬 방법은 구체적이고 적절하면서도 객관적인 표현을 쓰는 것입니다.

칭찬할 때에는 행위 그 자체를 칭찬해 주십시오. "잘한다"라든가 "너는 참 착한 아이야!"와 같은 추상적인 칭찬은 삼갑시다. 구체적으로 칭찬함으로써 어떠한 일이 바람직한 것인가를 가르치고, 아이가 잘됐다고 인정받은 행위를 되풀이하도록 하는 것이 칭찬교육의 목적입니다.

만약 칭찬의 말이 아이의 인격을 전제로 한다면 어떻게 하는 것이 부모에게 사랑받는 태도인지 정확하게 알지 못합니다. 아이로 하여금 구체적으로 자기가 한 어떤 일이 칭찬받을 만한 행동이었는지 꼭 알도록 해야 합니다.

집에 손님들이 찾아왔을 때 떼쓰지 않고 점잖게 군 행동을 칭찬하는데 "오늘 너 참 잘했어!"라고 말해서는 아이가 멋쩍어하기만 할 뿐, 다음부터 어떻게 처신하는 게 착한 일인지 막연해할 수도 있습니다. 그럴 때 아이의 잘한 행동을 조목조목 짚어서 칭찬한다면 결과는 훨씬 더 좋아지겠지요?

반면 잘못된 칭찬은 오히려 역효과를 낼 수 있습니다. 도가 지나치거나 적절하지 않은 칭찬은 아이에게 별다른 영향을 미치지 못합니다. 아이들도 분명 '나는 칭찬받을 만큼 착한 일을 하지 않았다. 왜냐하면 심부름 갔다 오기 전에 동생을 때렸으니까'라고 자기 인식을 하고 있기 때문입니다.

부모가 너무 과장되게 칭찬하면 자칫 아이들을 냉소적으로 만들 수도 있습니다. 칭찬을 듣고 얼굴 붉히는 사람이 없다지만 아이들에게는 구체적인 행위를 딱 꼬집어 칭찬하는 게 좋습니다. 아이들도 자기한테 어울리지 않는 칭찬을 들으면 속으로 부모가 아첨을 한다거나 뭔가 다른 목적이 있다는 것을 눈치챌 수 있으니까요.

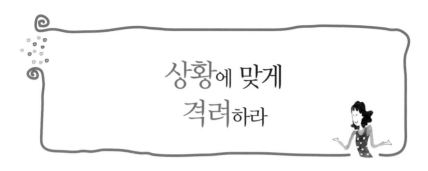

상황에 맞게
격려하라

부모의 격려는 아이로 하여금 사물에 새로이 몰두하려는 열의와 긍지를 갖게 만듭니다. 단, 성공 여부가 목적이 아니라 자신감을 주는 격려여야 합니다. 격려하는 방법에는 다음의 몇 가지가 있습니다.

도움을 주는 격려

무언가 새로운 상황에 적응시킬 때, 어떻게 하면 좋을까 하나하나 설명하면서 모범을 보이는 것입니다. 아이가 방법을 이해했다면 부모는 조금 물러나서 스스로 해볼 기회를 주고 필요에 따라 거들어주기도 합니다.

아이가 숙제를 하면서 어려운 문제 앞에서 끙끙대고 있을 때, 어머니가 대신 풀어주는 것보다 도움을 주는 격려 한마디가 훨씬 큰 힘이 될 수 있습니다.

아이가 곤경에 처했을 때 "괜찮아, 너라면 할 수 있어"라든가 "그렇게 어렵지 않아"라고 적극적으로 격려하는 것도 효과는 있지만, "이 일은 꽤 어려울 것 같은데 참 열심히 하네?"라는 식으로 우선은 아이의 기분을 맞춰주는 편이 더 좋은 격려가 됩니다. 아이는 그러한 격려로 인해 더욱 분발하려는 마음을 갖게 되는 것입니다. 아울러 "무슨 일이나 처음에는 어렵다"라는 격언을 말해 주는 것도 괜찮겠지요.

"신발 끈을 몇 개 풀면 좀 더 편할 것 같구나"라는 식으로 말을 조금 덧붙여주기만 해도 아이는 곤경을 헤쳐나갈 수 있습니다.

신뢰의 격려

아이의 판단을 신뢰해주는 것만으로도 좋은 격려가 됩니다.

가족의 대화에 아이를 참여시키고 자기 의견을 말하면 참 좋은 생각이라고 인정해 주는 것도 신뢰의 표시가 됩니다.

"조심해, 떨어질라"라든가 "조심해, 망가질라"라는 등 쓸데없이 미리부터 주의를 주는 것은 삼가는 편이 좋습니다. 주의를 줄 필요가 있을 때라도 "우유를 컵에 가득 붓지 않는 편이 좋지 않니?"라는 식으로 재치 있는 말씨를 사용해 보세요.

건설적인 격려

아이가 하고 있는 일에 대해서 결점을 지적하면 상처받기 쉽습니다. 대신 건설적인 의견이나 다른 방법을 말해 주세요. 만약 아이가 엄마 얼굴을 이상하게 그렸다면 "이게 무슨 그림이니?"보다 "여기다 코도 그려주면 엄마가 더 예쁠 것 같은데"라고 하면 납득하기 쉽고, 잘 그린 부분을 가리키며 "이 부분은 참 잘 그렸는데 다른 부분도 이렇게 예쁘게 그릴 수 있겠지?"라고 하면 건설적인 격려를 해준 셈이지요.

칭찬 섞인 격려

신경 써서 아이의 좋은 점을 발견해주세요.

아이가 맞춤법을 조금 틀리더라도 글씨를 잘 쓴다면 "맞춤법이 왜 이렇게 엉망이니?"보다 "글씨가 참 예쁘구나"라고 칭찬이 섞인 격려를 해주면 좋습니다.

이외에도 "이 그림 색깔을 참 잘 썼네?" "언제 피아노 솜씨가 이렇게 늘었지?" 등 사소한 부분이라도 아이의 좋은 점을 찾아서 격려해주면 효과가 더 큽니다.

아이들의 자만심과
소심함을 경계하라

격려와 칭찬은 아이에게 자신감을 갖게 합니다. 그러나 아이가 자신이 한 일을 올바르게 평가할 수 있는 나이가 되면 격려와 칭찬을 하면서도 주의해야 할 부분이 있습니다. 칭찬을 듣고도 자만하지 않고, 실패를 두려워하지 않도록 하는 것입니다. 이를 위해서는 자신이 갖고 있는 능력과 재능에 아이가 늘 감사하도록 가르쳐야 합니다.

성적이 뛰어난 아이에게 "앞으로 공부 못하는 애들하고는 놀지 마"라고 한다면 그 아이는 공부만이 사람을 판단하는 기준이라 생각하여 자만심에 빠지기 쉽습니다. 성적이 아무리 뛰어난 아이라도 항상 겸허한 자세를 가지도록 가르치십시오.

현자의 말에도 "많이 배웠다고 해서 그것으로 위대해졌다고 생각하지 마라. 사람은 누구나 배우기 위해 태어났다"라는 가르침이 있습니다.

부모는 아이가 잘했을 때 자만하지 말고 오히려 감사하게 생각하도록 해야 합니다. 특히 우리 아이의 영특함과 특수한 재능을 자랑하고 싶은 욕구를 억제하고 겸허의 본보기를 보여주십시오.

실패를 두려워하지 않는 아이로 기르기 위해서는 학교 성적으로 인간의 모든 가치가 결정되지 않는다는 것을 가르쳐 주십시오. 잘하는 것은 좋은 일이지만 그것만으로 보다 월등한 인간이라고 평가할 수는 없습니다. "사람의 가치는 최선을 다할 때 결정된다"라는 말이 있듯이, 성공이나 실패는 다만 그 결과일 뿐입니다.

부모는 아이에게 "무엇이든 완벽하게 하라"고 압박을 가해서는 안 되며, 아이 스스로도 압박을 가하지 않도록 주의하십시오. 누구나 실패하며 배우는 법입니다. 실패했다고 패배자의 낙인을 찍을 필요가 없으며 실패했다고 비난당할 이유가 없다고 가르치십시오.

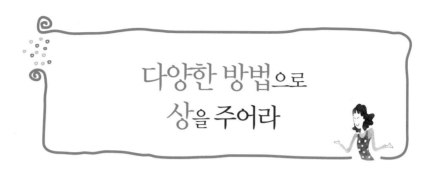

다양한 방법으로
상을 주어라

상은 아이들이 보다 착한 행동을 하도록 만들기 위한 수단입니다. 따라서 상의 내용이 반드시 물건일 필요는 없습니다.

가령 아이가 한 달간 자기 방을 청소하기로 한 엄마와의 약속을 잘 지켰을 때 아이가 좋아하는 놀이동산에 데려가는 것도 상이 될 수 있습니다. 늦게까지 자지 않아도 된다든가 간단한 요리를 직접 만들어보도록 허락하는 것 등 아이가 좋아하는 일은 모두 상이 됩니다. 평소에 금지하던 장난감이나 게임을 허용할 수도 있겠지요.

아무튼 아이가 평상시 무엇을 즐기고 있는가를 보아두면 자녀교육에 효과적인 상을 선택할 수 있습니다. 그러나 상의 내용이 항상 같은 것이라면 아이가 흥미를 갖지 못하기 때문에 곧 그 효력을 잃어버립니다. 또 부모가 말을 잘 듣게 하려고 압박을 가하는 것이라고 생각할 수 있습니다. 그러므로 부모는 항상 감정을 억제하고 상황판단을 해야 합니다.

유치원이나 초등학교에 다니는 아이들에게는 점수를 매기는 방법이 잘 통합니다. 먼저 점수판을 눈에 띄는 장소에 붙인 다음 아이에게 점수를 올릴 수 있는 규칙을 말해 줍니다. 예를 들면 동생 돌보기 10점, 엄마 심부름 8점, 떼쓰지 않기 10점 등으로 해서 각각의 행동에 대한 합계를 내는 것입니다. 그렇게 해서 점수가 모아지면 상품과 교환해 줍니다. 동화책·작은 장난감·샤프 등 아이가 좋아하는 것을 고르게 하는 것이 좋고 물건이 아니어도 괜찮습니다.

유아에게는 예쁜 모양의 스티커도 대단히 효과적입니다. 아이가 착한 일을 할 때마다 스티커를 하나씩 붙여주고 직접 색을 칠하게 합니다. 다른 상은 필요 없습니다. 아이가 자기 소지품을 잘 정돈하도록 가르치고 싶다면, 아침에 그 실적에 따라 용돈을 줍니다. 만약 물건을 제대로 챙기지 않았거나 등교 준비를 소홀히 했을 경우엔 약속된 액수의 벌금을 용돈에서 제하는 방법도 괜찮겠지요.

상을 주는 것이 무조건 좋은 방법은 아니므로 신중할 필요가 있습니다. 처음에는 성과가 있을지 모르지만 시간이 지나면서 효과는 줄어듭니다. 이 단계에서 상을 중지할 수밖에 없는데 그러면 아이가 본래의 행동 패턴으로 돌아가버릴 위험이 생깁니다.

이러한 위험을 조금이라도 줄이기 위해서는 새로운 습관이 확실히 몸에 밴 시점부터 조금씩 상을 줄여가는 것이 좋습니다. 엄마 심부름을 할 때마다 특별한 상을 주었다면 "이제 심부름을 잘해서 주는 상은 많이 받았으니까 다른 걸 생각해 보자. 1주일에 한 권씩 책을 읽는 것은 어떨까?"라고 상의 내용을 바꿔가는 것도 좋은 방법입니다.

Part 05

애정 표현에도
양면성을 발휘하라

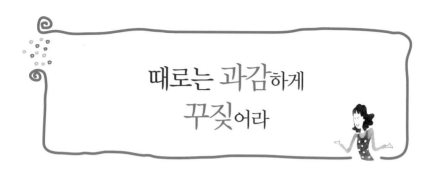

때로는 과감하게 꾸짖어라

자녀를 야단치는 것은 애정이 부족하기 때문이라고 생각하는 부모들이 종종 있습니다. 그러나 유대인들은 야단치는 것을 자녀에 대한 진정한 애정표현이라고 믿습니다. 심지어 자녀를 야단치지 않는 것은 증오의 표현이라는 말도 있습니다.

"채찍을 아끼는 자는 자식을 증오하는 자"라는 성경 구절에서도 알 수 있듯이 유대인들의 자녀교육은 몹시 엄격합니다.

성경에는 또 "갓 태어난 아기는 야생 당나귀와 같다"는 말이 있습니다. 아이들이 유치한 욕망과 본능에 의지하기 때문에 그런 비유가 통하는 것입니다. 이런 아이들이 자기중심적인 사고로부터 벗어나는 교육과정에서 야단을 치거나 엄하게 꾸짖는 행위는 불가피한 일입니다.

만약 아이가 옆집에 놀러갔다 허락도 없이 친구의 물건을 들고 왔다면 "남의 물건을 허락 없이 가져오는 것은 잘못된 행동이란다. 친구 집에 가

서 인형을 돌려주고 잘못했다고 용서를 구하도록 하자"며 과감하게 꾸짖
어야 합니다. 아이가 눈물을 흘리며 안쓰러운 모습을 보여도 자신의 잘못
을 인정할 때까지 엄하게 다룰 필요가 있습니다.

물론 부모로서 아이를 꾸짖는 일이 쉽지는 않습니다. 그러나 부모를 두
려워하지 않는 아이들은 세상 밖에 나가서도 기고만장해지기 쉬우며 그
로 인해 종종 심각한 마찰을 빚기도 합니다. 그러므로 자기중심적인 아이
들의 심성을 바로잡기 위하여 채찍만큼 강한 약은 없다고 하는 것입니다.

그렇다고 아이가 기를 못 펼 정도로 야단을 치라는 것은 아닙니다. 자
녀교육에 대한 현자들의 가르침 가운데 "왼손으로 뿌리치고 오른손으로
끌어당겨라"는 말이 있습니다. 오른손은 마음의 배려와 이해라는 애정의
직접적인 표현을 상징하고, 왼손은 제한과 질책이라는 애정의 간접적인
표현을 상징하고 있습니다.

랍비 히르슈는 "교육은 애정과 엄격함을 겸비한 것인데 '끌어당기는 오른손'이 우위에 있어서는 안 된다. 지나치게 엄격하면 교육은 제대로 되지 않는다. 자녀는 반항적이 될 뿐이다"고 했습니다.

훌륭한 교육이란 변함없는 애정을 표현함으로써 이루어지는 것입니다.

야단을 칠 때도
원칙을 지켜라

자녀를 야단칠 때는 본인을 위해서라도 목적을 확실히 전해 주십시오. 그리고 아무리 꾸중하는 말이라도 표정이나 음성만은 밝고 온화하게 하십시오. 또한 아이의 장래를 위해서 야단치는 것이라는 사실과 부모의 처분이 정당하다는 것을 깨우치도록 해야 합니다.

다음은 야단칠 때의 원칙에 관한 몇 가지 사항입니다.

타이밍

아이가 마음속으로 야단맞을 준비를 할 때까지 잠깐 미루는 것도 때에 따라서는 필요합니다. 아이가 동생과 싸웠을 때, 어머니가 바로 야단을 치기보다는 "네 방에 가서 뭘 잘못했는지 곰곰이 한번 생각해봐. 그리고 나서 다시 얘기하자꾸나"라며 엄하면서도 침착한 음성으로 얘기합니다.

물론 아이가 나쁜 짓을 했는데도 부모가 잠자코 있으면 아이는 그것이 용인된 것으로 해석합니다.

유아를 제외하고는 그 자리에서 야단치기보다 적당한 때를 기다리는 편이 좋습니다. 한 시간 안팎, 때로는 하루나 이틀 후도 괜찮습니다. 부모와 자녀가 진지하게 툭 털어놓고 이야기할 수 있을 만큼 냉정해질 때까지 시한을 두는 게 좋습니다.

어느 랍비는 자녀와 학생을 야단칠 때에는 분노가 완전히 사라질 때까지 항상 충분한 시간을 두었다고 합니다. 한번은 그의 자녀 중 하나가 아주 나쁜 짓을 했는데 야단을 치기까지 꼬박 2주일이나 걸렸다고 합니다.

여기서 주의해야 할 것은 다른 사람 앞에서는 야단치지 않는 것입니다. 자녀가 민망하거나 부끄러운 기분이 들지 않도록 배려할 줄도 알아야 합니다.

성내지 않는다

아이를 야단치는 목적은 그가 한 행동을 반성하도록 하는 데 있습니다. 그런데 화를 내며 야단을 치면 목적이 달성되지 않습니다. 가령 한 번 가르쳐준 수학 문제를 또 틀렸을 때 부모가 화를 버럭 낸다고 아이가 그 수학 문제를 잘 푸는 것은 아닙니다.

화를 내는 것은 아이가 지나치게 터무니없는 행동을 했을 때를 위해 접어두십시오. 그런 경우에도 내면적으로는 냉정하도록 항상 유의하십시오.

부모의 기대감을 인식시킨다

모세의 형인 아론은 나쁜 행동을 하는 사람을 만나면 반갑게 인사했다고 합니다. 인사를 받은 죄인은 다음 날 또 나쁜 일을 하고자 하는 충동에 사로잡히면 '아론을 만날 면목이 없다. 그 사람은 나를 올바른 사람으로 생각하고 있으니까 항상 반갑게 대해 주는 것 아닌가'라고 생각했다고 합니다.

자녀를 야단칠 때에는 그 아이가 잘되기를 바라는 바람을 제대로 전달할 수 있어야 합니다.

어떤 현자가 이런 말을 했습니다.

"나쁜 짓을 한 사람을 바르게 이끄는 데는 두 가지 방법이 있다. 우선 나쁜 짓을 했다는 사실을 알게 할 것, 다음은 나쁜 짓을 해도 여전히 그를 사랑하고 호의를 가지고 있다는 것을 알려 주는 것이다."

자녀가 잘 자라기를 바란다면 부모의 기대를 느낄 수 있도록 해야 합니다. 부모가 자녀를 포기하고 있다는 따위의 오해를 하게 해서는 안 됩니다.

아이에게 나쁜 버릇이 붙었다고 생각하면 자칫 화를 내기 쉽습니다.

"저 아이는 으레 말대꾸를 한다니까."

"넌 원래부터 불평이 많은 아이야."

'책임감이 없다' '칠칠하지 못하다' '고집불통이다' 등의 비난을 입에 올리는 것도 좋지 않습니다. 그런 말은 자녀가 스스로를 포기하게 만드는 독화살과 같습니다.

꾸짖을 때는 먼저 '어떻게 말할까'를 생각하라

 누구나 잘못을 지적당하길 원치 않습니다. 아이도 예외는 아닙니다. 비르나의 가온은 "자진하여 받아들일 수 있는 상냥한 말과 힐책으로 깨닫게 하도록" 하라고 했습니다.

그 자리에서 한두 마디 꾸짖는 것과 진지하게 잘잘못을 가리는 것에는 큰 차이가 있습니다. 무엇을 말해야 할까 하는 문제는 어떻게 말해야 할 것인지만큼 중요하지 않습니다. 평화로운 마음으로 애정이 담긴 훈계의 말을 적절하게 사용하십시오.

다음은 꾸지람의 한 예입니다.

"엄마가 몇 번을 말해야 알아듣겠어? 어떻게 된 애가 입이 닳도록 얘기해도 그 모양이니?"

공격적이고 비난하는 말투가 자녀에게 어떤 영향을 줄지 상상해 보십시오. 그리고 나서 똑같은 말을 상냥하게 했을 경우에는 어떻게 다른가를 생각해 보십시오. 말투나 표정은 때에 따라 말보다 더욱 사람을 꼼짝 못하게 하는 위력을 갖고 있습니다. 이 점을 충분히 유의하십시오.

"그런 일을 하면 안 되지"라고 각기 다르게 세 번 거울을 보고 말해 보십시오. 처음에는 화를 내고, 다음에는 조금 짜증을, 마지막에는 상냥하게. 아이도 그 차이를 느끼고 금방 이해합니다.

무거운 한숨과 지긋지긋해하는 표정, 꽉 다문 입술로 자녀를 주눅 들게 하지는 않았는지 한번 생각해 보세요. 이런 태도는 부정적인 부모의 감정을 아이에게 그대로 전달합니다. 부모의 안색을 읽는 것은 아이들의 특기라 할 수 있습니다. 그것만으로도 무언가 언짢은 말을 듣게 될 것이라고 느낍니다.

자녀가 나쁜 짓을 하고 있더라도 "그런 짓 하지 말랬잖아!" 따위의 말로 궁지에 몰아넣는 꾸지람은 피하는 게 좋습니다.

다섯 살 된 아이가 설거지를 하는 어머니 옆에서 유리잔을 가지고 놀고 있다고 합시다. 어머니가 "유리잔 갖고 놀지 마!"라고 외친다면, 유리잔이 깨져 아이가 다칠까 봐 걱정하는 마음이 아니라 그 행동에 대한 짜증만 아이에게 전달될 것입니다. 이때 물론 아이는 기분이 상할 것입니다. 차라리 "유리잔이 깨지면 다칠 수도 있으니까 다른 걸 가지고 놀아라"라고 하는 편이 좋을 것입니다.

자녀의 행동을 바로잡을 때에는 그 이유를 구체적으로 분명하게 말해야 합니다.

"어째서 너희들은 엄마가 일일이 뒤치다꺼리를 하게 만드니?"라고 불평해 봤자 아무런 효과가 없습니다. 그것보다 자녀를 불러서 "설거지 정도는 네가 도울 수 있지?"라고 직접적으로 말하는 편이 낫습니다.

자녀와 이야기할 때는 손을 잡는다든지, 어깨에 손을 얹고 애정을 확인시키는 것이 좋습니다. 적당한 때, 기분 좋게 이렇게 말해 보세요.

"물론 네가 깜박 잊어버렸을 수도 있지만……."

"어쩌면 네가 이것까지는 생각 못했을지도 모르는데……."

"너도 그 상황에서 감정을 억누르기는 어려웠겠지만……."

"그게 네 본심은 아니었겠지만……."

이런 말들을 통해 자녀는 스스로 잘하기 위해 노력하고 있다는 사실을 부모가 인정해 준 것이라 믿고 마음을 놓게 됩니다.

때로 "엄마는 실망했어"라는 말만으로도 충분히 야단친 것이 됩니다. "말하지 않아도 알겠지만 조금 전 너의 태도는 좋지 않았어. 아마 스스로도 깨달았을 거야" 등의 부드러운 표현도 가능합니다.

실망한 부모의 표정만으로도 '좀 잘해 주었으면' 하는 마음이 전달될 수 있습니다. 자녀의 성격을 보아 어떤 꾸지람이 효과가 있을까를 결정하십시오.

특히 감수성이 예민한 자녀에게는 부드러운 꾸지람이 효과적입니다.

일곱 살짜리 아이가 동생의 장난감을 일부러 망가뜨렸을 때 어머니가 "넌 왜 그러니, 응? 만약 누가 네 장난감을 그렇게 만들어 놓으면 기분이 좋겠어?"라고 소리치면 아이는 대개 "그렇지만 동생이 먼저 날 화나게 했단 말이에요" 등의 변명을 하려고 할 것입니다.

반면 아이가 야단맞을 마음의 준비가 될 때까지 기다렸다가 "얘야, 아까 네가 동생에게 한 행동은 좋지 않았어. 그러면 안 되는 거 알지?"라고 한마디만 해도 웬만한 아이들은 금세 울음을 터뜨릴 것입니다. 경우에 따라 두세 마디의 말로도 부모는 순조롭게 아이의 마음속에 들어갈 수 있습니다.

　때로는 엄격한 말도 필요합니다. 부모가 너무 부드럽게만 대하면 대수롭지 않은 농담도 비난으로 받아들여 자녀가 쉽게 상처받을 수 있으니까요.

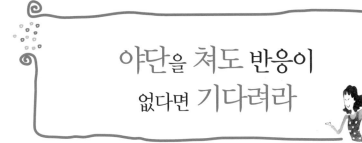

야단을 쳐도 반응이 없다면 기다려라

부모가 말을 걸어도 아이가 대답하지 않을 때가 종종 있습니다. 이럴 때 자녀는 듣고 있지 않은 것이 아닙니다. 이야기는 듣고 있지만 대답할 기분이 아닐 뿐입니다.

부드럽게 야단치면 변명만 하는 아이도 있습니다. 속으로 뉘우치지 않아서가 아닙니다. 사실은 저도 죄책감에 사로잡혀 있고, 그런 심리상태에서 벗어나고자 하는 것뿐입니다.

변명하는 것이 무조건 나쁘다고 판단해서는 안 됩니다. 설득력이 부족한 변명이었다면 자녀도 그것을 깨달았을 테니까 지적할 필요는 없습니다.

아이가 늦은 밤까지 만화책을 보는 바람에 아침에 늦게 일어났습니다. 허둥지둥 옷을 챙겨 입는 아이에게 어머니가 따지듯이 묻습니다.

"너, 또 밤늦게까지 만화책 봤지?"

　이때 대부분의 아이들은 "만화책 안 봤어요. 늦게까지 공부했어요"라며 가장 흔한 변명을 하게 됩니다. 그런 경우 "공부 같은 소리하네. 엄마가 너 거짓말 하는 거 모를 줄 알아? 엄마 얼굴 똑바로 보고 말해. 봤어, 안 봤어?"라고 추궁하기보다는 "아침에 일어날 때 힘들지 않게 다음부터는 너무 늦지 않게 자도록 해"라고 말하는 것이 바람직할 것입니다.

　자녀가 죄책감을 가지지 않도록 주의하십시오. 아무 소리도 못하게 객관적인 말투를 쓰면 자녀도 점차 뉘우치는 마음이 사라져 무리하게 변명하려는 생각조차 하지 않게 됩니다.

　아이들은 죄책감을 느끼는 데 대한 반발심으로 오히려 부모를 향해 분노와 적의를 드러내기도 합니다. 부모 때문에 기분이 나빠졌다고 생각하기 때문이지요. 그렇더라도 어린 마음에 그러려니 하고 넘겨버리면 버릇이 더 나빠집니다.

그런 경우엔 "굉장히 짜증나 있는 것 같구나. 나중에 기분이 가라앉으면 이야기하자"고 하는 것이 가장 좋을 것입니다.

아이가 마음의 평정을 찾으면 "아까는 기분이 언짢아서 야단쳤던 거란다. 하지만 엄마가 하는 말이 마음에 들지 않는다고 소리치며 울면 안 돼" 하고 말해 주십시오.

아이는 야단을 맞으면 매우 힘들어합니다. 쓸데없는 짓을 해버렸다고 스스로를 책망하게 됩니다.

그런 아이들의 죄책감을 완화시키기 위해서는 "생각해 보니까 너도 잘못한 게 있지?"라는 말로 부드럽게 토닥거려 주세요.

그런가 하면 야단을 맞아도 전혀 신경을 쓰지 않는 듯한 행동을 할 때도 있습니다.

심지어 야단을 맞고도 "난 모르니까 엄마 마음대로 해요!"라고 대들기까지 합니다. 그럴 땐 아이의 어깨를 부드럽게 어루만지며 상냥하게 한마디 해줍니다. "속마음은 그렇지 않다는 거 안단다. 지금 그 말은 안 들은 걸로 할게."

자녀의 행동을 고치기 위해서는 우선 야단쳐야 합니다. 그러나 몇 번 야단을 쳐도 효과가 없을 때는 벌을 주는 것도 필요합니다. 벌은 최후의 수단이 아니라 버릇을 가르치기 위해 이따금 필요한 방법입니다. 야단치는 것과 마찬가지로 벌을 주는 것도 교육의 일부분인 것입니다.

가벼운 체벌도
효과적일 때가 있다

보통 다른 사람을 때리는 일은 법으로 금지되어 있습니다. 그러나 교육상 어쩔 수 없이 체벌이 필요할 때도 있습니다. 그런 경우에도 『탈무드』의 현자 라브는 반드시 구두 끝으로 때리라고 했습니다. 즉 아이를 상처 입히지 않는 범위의 가벼운 체벌만이 허용될 수 있다는 것이지요.

체벌은 자녀가 앞으로 나쁜 짓을 하지 않도록 하는 것이 목적이어야만 합니다. 어떤 경우라도 아이를 잔혹하게 후려갈겨서는 안 됩니다.

어린아이를 너무 빈번히 때리는 것도 좋지 않습니다. 나중에 부모가 그 대가를 치를 수도 있으니까요. 그러나 체벌의 목적과 한계를 분명히 한다면 후유증을 염려하지 않아도 됩니다. 교육상 순수한 목적으로 때리는 일은 유해하지 않고 잔혹하지도 않습니다.

그러한 목적을 아이가 안다면 맞아도 부모를 증오하지 않습니다. 부모를 흉내 내어 다른 사람에게 공격적이 된다든지, 냉혹하게 행동할 우려도 없습니다.

자녀에게, 맞은 아픔보다 부모가 때릴 수밖에 없었다는 사실을 마음에 새기도록 해주십시오.

자녀가 맞은 후, 마음의 갈피를 잡지 못할 수도 있습니다. 그럴 땐 더욱 부모의 사랑을 확인하고 싶어 합니다. 때리고 나서는 너무 시간을 끌지 말고 진지하게 애정을 표현하십시오.

다음은 가벼운 체벌로 교육적 효과를 얻은 한 어머니의 경험담입니다.

이 어머니의 다섯 살 된 아들은 툭하면 아무에게나 욕을 하는 버릇이 있었습니다. 맞벌이를 하는 부모 대신 할머니 손에서 자란 아이는 동네 놀이터에서 보내는 시간이 대부분이었는데, 이곳에서 동네 형들이 하는 욕을 여과 없이 배우게 된 것입니다. 하루는 친구들에게 욕을 하는 아이의 모습을 보고 어머니가 깜짝 놀랍니다. 몇 번이나 조용히 "그런 말을 하면 안 돼요" 하고 꾸짖었지만 소용이 없습니다.

한동안 그런 행동을 할 때마다 벌을 주는 의미로 무시도 해봤지만 그것도 효과가 없는 듯했습니다. 욕을 하는 것이 얼마나 상대방을 기분 나쁘게 하는지 설명해 보았지만 그래도 아이의 버릇은 고쳐지지 않았습니다. 그러던 어느 날, 아이가 반찬 투정을 하다가 야단을 맞자 갑자기 어머니를 향해 욕을 했습니다.

너무도 기가 막힌 어머니는 아이의 손을 잡고 조용히 말했습니다.

"욕을 하면 안 된다고 말했는데 벌써 잊어버렸니? 자, 엄마랑 약속했던 말을 다시 한번 생각해 보렴."

그리고 매를 가지고 와서 아이의 손을 가볍게 때렸습니다.

아이는 매를 맞고 금세 눈물을 쏟더니 오랫동안 울음을 그치지 않았습니다. 그 이후로 아이는 누구에게도 욕을 하지 않게 되었습니다.

물론 위의 경우는 효과적인 체벌이었지만 사사건건 자녀의 손바닥을 때리는 것은 좋지 않습니다. 또한 툭하면 때리겠다고 위협하는 것도 옳은 방법이 아닙니다. 체벌은 가볍게 그리고 가능한 한 절제하는 것이 가장 좋겠지요.

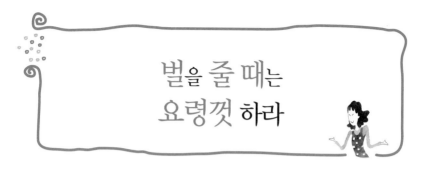

벌을 줄 때는
요령껏 하라

자녀를 괴롭히는 것이 싫어서 벌주는 것을 주저하는 부모가 있습니다. 자녀에게 벌주는 것을, 나쁜 행위를 고치는 일종의 쓴 약이라고 생각하면 주저하지 않게 될 것입니다.

벌에 대한 최근의 이론 가운데 부모가 권위를 내세우면 자녀가 복수심을 갖는다는 주장이 있습니다. 물론 타당성이 전혀 없는 것은 아니지만 부모가 감정적으로 대응하지 않는다면 그런 걱정은 할 필요가 없습니다.

현자의 말에도 있습니다.

"자녀가 말을 듣지 않을 때, 아버지가 금방 화를 내고 벌을 주는 것은 보복에 불과하다."

아무리 내 자식이라 할지라도 나쁜 일을 한 데 대한 보복으로써의 벌은 정당화될 수 없습니다. 나이 어린 자녀들은 감수성이 예민하기 때문에 부모가 조금만 엄격해도 심한 타격을 받습니다. 때로는 평상시의 상냥한 태도를 거두는 것만으로 충분한 벌이 될 수 있습니다. 그럴 땐 아이도 자신이 어떤 잘못을 저질러서 벌을 받고 있는지 알게 됩니다. 또 미리 벌의 내용을 알려주는 것도 좋은 방법입니다.

다음은 벌을 줄 때의 몇 가지 요령입니다.

자기 방으로 가게 한다

약간 잘못한 정도라면 이 벌이 적당할 것입니다.

아이가 손님들 앞에서 버릇없이 군다면 "잠시 네 방에 가 있거라. 떠들지 않고 얌전히 있을 수 있다면 나와도 된다"라고 부드럽게 말합니다. 필요하다면 직접 손을 잡고 아이를 방으로 데리고 갑니다. 만약 금방 나와서 또 버릇없이 굴면 "아직 엄마 말을 잘 알아듣지 못한 모양이구나. 방으로 다시 돌아가거라" 하고 말하십시오.

아이를 방으로 들여보낼 경우에는 미리 시간을 정하세요. 대부분의 아이들은 반성을 하기도 전에 "이제 나가도 돼?" 하고 물으러 다시 나오게 마련이니까요.

방에서 나오기 전에도 한 번쯤은 "얌전하게 있지 않으면 방에 또 들어가는 거다"라고 주의시키는 편이 현명할 것입니다.

방에 들어가는 것을 싫어한다면 다른 벌을 주겠다고 아이에게 미리 경고해 두는 것도 한 방법입니다. 예를 들면 "스스로 결정해라. 방으로 가든가, 잠시 후 네가 좋아하는 만화영화를 포기하든가" 등의 선택 사항을 말해 주는 겁니다.

벌주기로 한 내용은 반드시 실행에 옮기도록 하세요. 방에 들어가기 싫다고 그대로 거실에 남아 있는 아이에게 아무렇지도 않은 얼굴을 하고 만화영화를 틀어주지 않으면 아이는 곧 말을 듣지 않은 것을 후회하게 될 테니까요.

권리를 빼앗는다

아이가 방을 잘 정리하지 않는다면 그 대가를 자기가 좋아하는 것과 맞바꾸도록 합니다. 가령 정리를 하지 않을 때마다 그 주일의 용돈을 조금씩 깎는 것입니다. 그렇게 했는데도 방을 잘 정리하지 않는다거나 버릇없는 행동을 자꾸 할 때는 밖에서 노는 것을 금지하는 것도 한 방법입니다. 시무룩해져 있는 자녀를 보는 것만으로도 어머니로서는 못할 짓이지만, 이것으로 자녀의 태도가 좋아진다면 하루쯤 큰맘을 먹는 것도 가치가 있습니다.

말없이 기다린다

부모님을 공경하는 것은 자녀의 기본적인 의무입니다. 그러므로 부모를 업신여기는 태도를 취하면 벌을 주는 것이 당연한 일이겠지요.

아이와 세 시간 동안 말을 하지 않는 것이 효과적이고 적절한 벌입니다. 아이에게 자신의 잘못된 행동을 인식시키는 것이 목적이므로 벌의 내용을 미리 설명해 주는 게 효과적입니다.

"이제 세 시간 동안 너와 말하지 않을 거야. 엄마한테 바보라고 했지? 그런 버릇은 나빠. 이것은 그에 따른 벌이야." 하고 말해 보십시오. 유아에게는 아마 30분이 한도일 것입니다.

벌에 대해 아이가 불평을 한다든지 울면서 떼를 써도 모른 척하세요. 또 벌주는 시간이 끝난 뒤에도 다른 말이 필요 없습니다. "이제 엄마가 얼마나 무서운 사람인지 알았지?" 따위의 말로 금세 아이를 달래서 오히려 응석받이로 만들지 말고 원래 하던 대로 하십시오.

벌에 대한 반응에 망설이지 말 것

부모는 벌을 준 뒤에 자녀가 나타낼 반응에 망설여서는 안 됩니다. 벌을 받고 난 아이는 부모에게 보복할 심산으로 화를 내지는 않더라도 뾰로통할 수 있습니다. 이때 부모가 무시하면 자녀는 그 행동이 별 의미가 없다는 것을 깨닫고 곧 그만둘 것입니다.

"그래 봤자 소용없다"는 식의 태도를 취하는 아이도 있지만 이것도 무시하십시오. 그러나 물건을 던지는 등 폭력으로 부모에게 반항한다면 절대로 그냥 지나쳐서는 안 됩니다.

때로는 자녀를 곤경에 처하게 하라

자녀의 버릇을 효과적으로 바로잡기 위해서는 가끔 불쾌한 상황에 맞닥뜨리게 할 필요가 있습니다. 나쁜 짓을 했으면 당연히 결과가 좋지 않다는 것을 깨우치도록 해야 하는 것입니다.

늦잠을 잔 아이가 학교에 지각해서 선생님께 꾸중을 듣고 속이 상해서 집으로 돌아왔습니다. 어머니를 보자마자 아이가 따지듯이 묻습니다.

"엄마가 아침에 안 깨워서 지각했잖아. 오늘 선생님께 얼마나 야단맞았는지 알아?"

"그걸 엄마한테 따지면 안 되지. 네가 어제 게임한다고 늦게 자서 아침에 지각한 거니까 네 책임이지, 왜 엄마 책임이야?"

엄마의 말에 아이는 아무 말도 못한 채 입을 삐죽거립니다.

이처럼 아이가 잘못한 일의 결과에 대해서는 모르는 척하는 것이 좋습니다. 아이가 아무렇게나 옷을 던져두면 그것을 세탁해 주지 말고, 상습적으로 식사시간에 늦게 들어오는 아이에게는 밥때가 지나면 식사를 할 수 없다는 것을 인식시킬 필요가 있습니다.

또 다른 방법으로 자녀에게 불쾌한 결과가 만들어지도록 부모가 손을 쓸 수도 있습니다.

자녀가 지갑을 아무 곳에나 두는 버릇이 있다면 그것을 눈에 띄지 않는 곳으로 치워버리는 것입니다. 또 이를 닦기 싫어하는 아이들에게는 아무리 졸라도 초콜릿이나 아이스크림 같은 걸 먹지 못하게 하십시오. 이렇게 곤경에 처하는 경험은 아이로 하여금 스스로 타협을 시도하도록 만듭니다. 어머니의 말을 듣지 않으면 장차 어떤 봉변이 닥칠지 충분히 깨닫기 때문이지요.

하지만 벌을 주더라도 확실한 경고를 한 다음에 실행에 옮겨야 합니다. 한 예로 다른 집에 놀러가서 버릇없이 굴다 온 아이를 무작정 외출 금지시키는 것은 벌을 준다기보다 보복한다는 의혹을 받기 쉽습니다.

이럴 때 조용히 "자꾸 말썽부리면 다음부턴 안 데리고 나올 거야?"라고 미리 언질을 준 다음에 똑같은 일이 벌어졌을 경우 벌을 주는 게 현명한 방법입니다.

Part.
06

자녀에게 바라는 것을
내가 먼저 실천하라

존경심을 강요하지 마라

아이들은 본래 자기중심적이어서 부모의 생각 따위는 신경 쓰지 않습니다. 어릴 때부터 부모가 주는 한결같은 사랑을 당연한 것으로 받아들여, 부모에 대한 감사의 마음도 없고 존경하지도 않습니다.

우리 어머니 아버지들이 그 어떤 희생과 헌신으로 아이들을 보살핀다 해도 자녀들 입장에서는 그것을 모성본능이나 부성애 정도로밖에 여기지 않을 수 있습니다.

심한 경우, 아이들에게도 자의식이라는 게 있어서 부모가 자식의 장래를 위해 노력하는 것마저 억압으로 받아들일 수 있습니다. 그런 아이들은 부모의 권위를 싫어하고 심지어 반발합니다. 부모가 필요하다고 여겨 부과한 의무나 요구사항들도 좀처럼 받아들이려 하지 않습니다.

부모를 존경하는 마음을 가르치는 일은 어려운 것입니다. 부모가 자식에게 존경받기 위해서는 몇 가지 지혜가 필요합니다.

먼저 '부모를 존경하는 것은 부모를 위해서가 아니라, 너 자신을 위한 것이다'라는 것에 역점을 두십시오. 비록 아이가 부모를 무시한다든지 말을 듣지 않아도 감정적인 판단을 내리는 것은 옳지 않습니다. 부모의 감정보다 아이의 성장 과정에 관심을 모아주십시오.

"부모는 존경하는 마음이 부족하다"라고 꾸짖을 때에는 아이로 하여금 '자기가 존경받고 싶으니까 괜히 저래' 하는 생각이 들지 않도록 주의하십시오. 아이가 어머니에게 무례한 태도를 취한다면 아버지가 주의를 주는 것도 하나의 방법입니다. "어머니께 사과드려라. 용서를 빌어라" 하고 상냥하게 촉구해 보는 것입니다.

또 한 가지, 부모를 공경한다는 것은 부모와 자식 모두의 책임이란 것을 염두에 둡시다. 아이에게 부모를 존경할 의무가 있다면, 존경받을 만한 환경을 만들어주는 것이 부모의 책임입니다.

하페트 하임의 장남인 랍비 알리에 레이브는, 자기 아버지의 교육방법에 대하여 이런 말을 했습니다. "우리들은 부모에 대한 존경에 관해서는 어떤 강요도 받지 않았습니다. 아버지는 우리들에게 친구나 형제처럼 대해 주셨지만 우리 모두 기꺼이 존경할 수 있는 분이었습니다."

아이를 존중하지 않는 부모는 존경받지 못합니다.

여섯 살인 영희가 물감놀이를 하려 하지만 어머니가 못하게 합니다.

"왜 못하게 하는 거야? 나 물감놀이 하고 싶단 말이야."

"안 돼, 오늘은 물감놀이 하지 마."

"엄마가 오늘 기분이 나빠서 그렇지?"

"시끄러워, 쪼그만 게 뭘 안다고 그래. 그리고 누가 엄마 말하는 데 토

달라고 했어?"

아무리 나이가 어리다고 하지만 아이도 엄연히 한 사람의 인격체입니다. '어린 주제에' '공부도 못하는 게' '넌 아직 몰라도 돼' 같은 말로 아이를 무시하고 존중하지 않는다면 부모 또한 존경받기 힘듭니다. 역으로 말하면 아이를 소중히 여김으로써 '부모를 공경하라'는 교훈을 몸소 보여주는 것입니다. 부모 스스로 모범을 보이는 것이 가장 효과적인 교육입니다.

부부가 서로를 대하는 태도도 신중해야 합니다. 의심하고 비난하는 말, 저속한 농담을 주고받고 상대방의 말을 가로막는 등 서로 존중하지 않는 태도를 보인다면 아이가 부모에게 무엇을 배우겠습니까?

아이는 부모를 눈여겨보고 흉내 내고 배웁니다. 그래서 부모는 자녀의 거울이라고 하는 것입니다. 간혹 부부의 의견이 나뉘는 일이 있다 해도 아이를 끌고 들어가서는 안 됩니다. 특히 아이가 있는 앞에서 한쪽이 다른 한쪽의 교육방침에 대하여 비판해서는 안 됩니다. 반드시 교육 문제

가 아니라 하더라도 의견차이가 있으면 자녀가 보지 않는 곳에서 이야기
해야 합니다.

남편과 아내는 자녀교육이라는 중대한 일에 있어서 항상 서로 돕고 의
지하는 협력자라는 사실을 잊지 마세요.

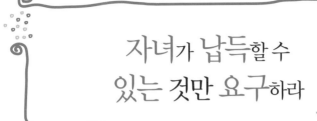

자녀가 납득할 수 있는 것만 요구하라

지나친 요구는 아이에게 거부감과 반항심을 불러일으킵니다. 평소에 아무리 말을 잘 듣던 아이라도 부모가 도에 넘치는 강요를 한다면 보조를 맞추고 싶은 마음이 사라지게 마련이지요.

부모들은 보통 공부를 잘하는 아이에게 필요 이상으로 부담감을 안겨 줍니다.

"역시 우리 아들이야. 이번에 또 1등 했네. 넌 커서 꼭 의사가 되어야 한다. 엄마를 실망시키면 안 돼."

어머니의 지나친 기대로 아이는 행여나 성적이 떨어질까 늘 부담을 느끼게 되고, 이것이 잘못 발현되면 부모에 대한 반항심으로 바뀔 수도 있습니다.

부모는 자녀에게 요구하되 신중하게 그리고 한계를 분명히 해주십시오. 요구가 독단적이고 필요 이상으로 엄격하면 부모는 독재자로 인식될 뿐입니다.

랍비 히르슈의 가르침에 이런 말이 있습니다.

"자녀에게 꼭 필요하거나 중요하지도 않은 일을 강요해서는 안 된다. 마찬가지로 자녀에게 아무런 해가 되지 않는다면 아무리 하찮은 일이라도 그가 원하는 대로 해주는 것이 부모의 도리다. 그러나 아이가 싫어하는 일이라도 부모가 꼭 필요하다고 판단하여 결정한 것은 그가 이런저런 변명을 늘어놓더라도 끝까지 시켜야 하며, 자녀가 하고 싶다고 아무리 졸라대는 일이라도 부모가 안 된다고 정한 것이라면 끝까지 뜻을 굽히지 않아야 한다."

'안 된다'라는 말은 신중하게 사용하십시오. 아이에게 신체적으로나 도덕적으로 해가 되지 않는 한 좋다고 생각한 것은 무엇이라도 해주는 것이 좋습니다.

무언가를 금지하거나 허가할 때 부모의 태도가 적절하고 또 그 결과가 즐거우면 아이는 부모의 뜻이 변덕과 지배욕 혹은 단순한 완고함에 의한 것이 아니라 자신을 향한 깊은 배려에 의한 것이었음을 확실히 알게 됩니다.

아이에 대한 제한과 요구가 지나치면 당연히 부작용이 따릅니다. 그러므로 부모의 요구를 줄이는 것도 필요합니다. 반대로 한번 금지한 것이라면 자녀가 아무리 졸라도 허락해 주지 말아야 합니다.

때로는 충돌을 피하고 싶어서 제멋대로 구는 것을 허용하는 경우도 있습니다. 이는 부모로서의 위엄을 스스로 깎아내리는 것입니다.

평소에는 "초록 불이 아닐 때는 횡단보도를 건너면 안 된다"라고 얘기하고는 바쁠 때는 빨간불에 건너는 아이를 보고도 모르는 척 지나쳐버리는 어머니들이 있습니다. 이런 경우, 아이는 부모의 말을 듣지 않아도 되는 것으로 믿어버릴 것입니다.

물론 경우에 따라 여러 가지 사정이 있을 수 있습니다. 그렇더라도 아이들은 잠시 방심하여 응석을 받아주는 어머니의 배려를 전혀 고마워하지 않습니다. 단지 다음부터는 어머니의 말을 좀 더 진지하게 받아들이지 못하는 역효과가 초래될 뿐이지요.

그런 역효과를 막기 위해서라도 아이가 납득할 수 있을 만한 원칙을 정해 주십시오.

마지막으로, 어디까지 요구해야 좋을까에 대한 기준은 자녀의 연령과 발달에 따라 달라질 수 있으므로 이를 고려해서 가능한 범위를 판단해야 합니다. 자신이 없는 사람은 좀 더 경험이 있는 부모와 이야기해 보면 어떨까요.

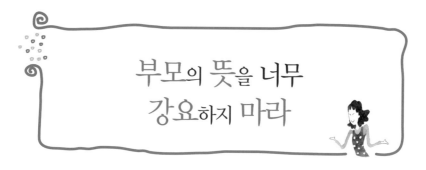

부모의 뜻을 너무 강요하지 마라

자녀가 어떤 일로 괴로워하면 부모는 금방 깊이 관여하여 자기 나름의 의견을 말하고 싶어 합니다. 이는 결국 자녀의 감정을 무시한다든지 자기의 감정을 강요하는 셈입니다. 자녀들은 당연히 그런 부모에게 반발심을 갖게 됩니다. 그전에 한번 '만약 내가 아이의 입장이라면 무슨 말을 듣고 싶을까' 하고 자문해 보십시오.

상대방의 공감을 얻기 위해서는 먼저 그 사람의 입장이 되어야 합니다. 당신이 네 명의 아이들을 키우는 주부라고 합시다. 당신은 온종일 아이들과 씨름하느라 정신이 없습니다.

남편이 귀가하자 당신은 "이제 지쳤어요"라며 고단한 표정으로 호소합니다. 그런데 남편이 "내가 뭐랬어? 당신은 너무 지나치다고 했지? 당신이 하는 일의 절반은 할 필요도 없는 일이야"라고 대답했다고 합시다.

남편조차 당신의 마음을 알아주지 않는다고 생각하면 아마 짜증이 날 것입니다. 적어도 남편이 "녹초가 된 것 같군. 오늘도 그렇게 일이 많았어? 아이는 내가 재울 테니까 잠시 쉬어"라고 말해 주길 바랐습니다.

같은 말이라도 부부 사이에 충분히 공감이 이루어진 상황이라면 상처가 되지 않습니다. 그러나 위의 경우 남편은 피로를 호소하는 아내에게 오히려 충고를 늘어놓음으로써 반감을 사고 있습니다.

마찬가지로 자녀들과 공감하려면 훈련이 필요합니다. 자신의 의견을 말하기 전에 자녀의 입장을 이해하고 있음을 알리는 것이 우선입니다. 자녀의 고민을 성급하게 해결해 주고 싶은 충동을 억제하고 우선 자녀가 하는 말을 차분하게 들어주십시오.

피아노 레슨을 받고 돌아온 아들이 울면서 집에 들어섭니다. 훌쩍거리며 어머니에게 "피아노 연습하기 싫어. 너무 어렵단 말이야"라고 합니다. 사실 그전 같으면 "그게 뭐 어렵다고 울기까지 하니?"라고 아이를 달랬을 겁니다.

그렇지만 이번은 경우가 달랐습니다. 왜냐하면 어머니는 며칠 전에 피아노 선생님에게 아이의 교재가 너무 쉬운 듯하니 좀 더 어려운 곡으로 바꿔달라는 부탁을 했었거든요.

어머니는 전후 사정을 짐작하고 아들의 기분을 맞춰주고자 노력했습니다. "그래? 오늘 배운 곡이 어려웠구나"라고 말하자 아들은 "응" 하고 답했습니다. 어머니가 "정말로 힘들었던 모양이구나"라고 말해도 아들은 "응"이라고 한마디밖에 하지 않았습니다. 아이는 어머니가 기분을 알아주자 불평을 그친 것입니다.

이외에도 열한 살짜리 아들에게는 전부터 문제가 있었습니다. 매주 일요일 오후만 되면 교회 소년단 모임에 가기 싫어하는 것입니다. "가봤자 아무것도 하는 게 없어"라고 아이가 불평하기 시작하면 어머니는 설득하느라 애를 먹기 일쑤입니다. "어쨌든 가보렴, 오늘은 재미있을 테니" "싫어, 가고 싶지 않아." 결국 어머니의 목소리는 점점 커질 수밖에 없었고, 그 와중에 아들은 슬그머니 어딘가로 도망치기도 했습니다.

그런데 하루는 아들이 "오늘은 가고 싶지 않아요"라고 말을 꺼냈을 때 어머니는 이렇게 말했습니다. "네가 소년단 모임에 가기 싫은 건 알겠는데 말이야. 집에서 온종일 빈둥빈둥 지루하게 지내는 것보다는 가는 편이 훨씬 나을 거야."

아들은 말없이 방에서 나갔습니다. 자기 방에서 책을 읽으려니 생각했는데 곧 현관문 열리는 소리가 들렸습니다. 소년단 모임에 간 것입니다.

일단 자녀의
불평에 수긍하라

부모와 자식이 서로 이해할 수 있는 분위기를 만들기 위해서는 부모가 먼저 자녀의 좋은 이야기 상대가 되어주어야 합니다. 여기서 주의해야 할 점은 자녀의 인식을 뒤집는다든지 무시하지 말아야 한다는 것입니다.

아이가 "엄마, 달걀찜이 너무 짜요"라고 말해도 "무슨 소리야, 네가 무슨 맛을 안다고"라는 표현은 삼가야 합니다. 이럴 땐 적어도 자녀의 인식을 존중해 주는 측면에서 대답하는 게 바람직하겠지요.

대개의 부모와 자식이 각자 자기 주장을 하려고 하기 때문에 말다툼이 생기고 갈등을 빚는 것입니다. 아이가 음식이 짜다고 하면 그 말에 수긍을 해주는 게 훨씬 낫습니다.

중요한 것은 무조건 음식을 먹는 것이 아니라 아이의 의견을 존중하는 일입니다. 영양소가 많이 들어 있는 음식을 먹여야 하는데 너무 짜

다고 한다면 달걀에 약간 짠맛이 난다고 둘러댈 수도 있겠지요. 물론 그래도 아이가 먹고 싶어 하지 않는다면 억지로 먹이지 않는 게 좋습니다.

또 한 가지 예를 들자면 자녀의 특기사항에 관한 것입니다. 어머니 생각에는 분명 그림에 소질이 있는데 아이는 별 관심이 없습니다. 그럴 때 "너무 자신 없어하지 말고 힘을 내렴"이라거나 "괜찮아. 신경 쓸 것 하나도 없다"는 말로 아이의 기분을 북돋우려는 부모는 작전에 실패한 것입니다. 아이는 오히려 자신의 감정을 무시당했다고 생각해서 어머니로부터 거리감을 느낄 수 있습니다.

이런 경우에는 "그렇게 생각하니? 그림이 적성에 맞지 않는 모양이지?"라고 슬쩍 속을 떠보십시오. 신기하게도 그 말이 자극제가 되어 아이는 그림 공부를 더 열심히 하게 될지도 모릅니다.

자녀의 기분을 고려할 때 주의해야 할 몇 가지 사항이 있습니다. 이해한다는 것은 자녀의 의견을 전적으로 따르는 것이 아닙니다. 그래서는 안 되는 경우도 있습니다.

아이가 유치원에서 돌아오자마자 친구랑 놀지 않겠다고 불평할 경우 어머니가 기분을 맞춰주기 위해 "그래, 놀지 마"라고 하면 오히려 아이의 짜증을 더 북돋우게 됩니다.

아이들은 자신을 그냥 내버려 두길 바랄 때도 있다는 것을 기억해 두십시오. "짜증이 났구나. 아무 말도 하고 싶지 않니?" 하고 물어보면 이야기하고 싶은 건지, 그냥 내버려 두었으면 하는 건지 알 수 있습니다.

기분이 침울해져 있으면서도 무언가 말하고 싶을 때가 있습니다. 가령 자전거를 타다 넘어져 발목에 부상을 입고 불안해하는 아이에게 아무 말도 하지 않는다면, 그 아이는 혹시 발목이 영영 낫지 않는 건 아닐까 더욱 초조해합니다. 이럴 땐 아이가 "아무 말도 하고 싶지 않다" "혼자 있고 싶다"며 짜증을 부려도 확신에 찬 어조로 "별것 아닌 일 갖고 괜한 걱정하지 마라" 하고 말해 주십시오. 아마 아이도 속으로 간절히 그 말을 기다렸을 것입니다.

자녀가 원하지 않는 충고는 자제하라

부모가 아무리 걱정하고 말려도 아이는 스스로의 경험을 통해 배울 기회를 가지려 할 것입니다. 또 그것은 자녀의 인생에서 필요한 과정이기도 합니다. 너무 간섭하면 아이는 언젠가 부모를 싫어하게 되고 어떤 조언도 반발하게 됩니다.

정말로 필요한 때를 위해서 충고는 현명하게 접어두십시오. 그리고 한번 거절당한 충고는 가급적 되풀이하여 말하지 않는 게 좋습니다.

초등학교 1학년인 딸아이가 밤늦게까지 책을 읽는다면, 어머니는 걱정스러운 마음에 "책도 좋지만 너무 늦게 자는 것은 건강을 해친단다"라고 당부합니다. 물론 책 읽기를 좋아하는 아이는 "괜찮아요. 조금만 더 읽고 잘게요"라고 대답할 것입니다.

그래도 어머니는 계속해서 자신의 걱정을 딸에게 전하고 싶어 합니다. 하지만 딸에게 그것은 잔소리에 불과합니다. 아무리 딸을 일찍 재우고 싶어도 "네가 알아서 잘하리라 믿는다"는 정도로 이야기를 맺는 편이 좋을 것입니다. 이따금 자녀가 바라지 않는 조언을 하기 위해서는 솔직하게 "그 일에 대해 아빠가 충고 한마디 할까?"라든가 "아빠였다면 어떻게 했을 것 같니?"라고 물어보는 것이 좋은 방법입니다. 이렇게 하면 자녀는 쓸데없는 조언으로 괴로워하는 일이 없을 테고, 부모로서도 충고를 거절당해 기분 나쁜 일 없이 지나갈 수 있을 것입니다.

부모의 이야기를 아이가 하나하나 거슬러서 "응, 그렇지만……" 하는 식의 토를 다는 일이 없도록 신경을 쓰십시오. 자녀가 말을 듣지 않으면 대화를 잠시 접어두는 것입니다. 말꼬리를 잡으면 가만히 있지 않겠다는 듯이 위협해서는 안 됩니다. 아이는 자기의 생각을 부모에게 인정받고 싶어서 열심히 이유를 늘어놓고 있는 것입니다.

부모의 뜻을 받아들이길 바란다면 우선 아이의 입장을 이해하고 있음을 표현하십시오. 예를 들어 "네가 하는 말뜻은 알겠지만……라면 어떨까?"라든가 그래도 말을 듣지 않는 듯하면 "알았다…… 생각해 보자" 하고 이야기를 덮어둡니다. 아이도 나중에 다시 한번 생각할 여유가 생기면 부모에게 설복당하여 자존심을 상할 뻔했던 불안도 덜해지고 부모의 조언도 다시 생각해 보게 됩니다.

아이는 이런저런 시행착오를 겪은 후에야 비로소 부모의 말을 듣는 편이 나았다는 것을 배웁니다. 부모는 그것이 증명되었다 하더라도 결코 설교를 늘어놓아선 안 됩니다.

미술학원이 주최하는 사생대회에 참가하기 위해 어머니와 아이가 함께 대회장으로 가야 할 상황입니다. 어머니는 시간을 넉넉히 잡아 출발하자고 얘기했지만 아이는 대회 장소까지 1시간이면 충분하다며 정확히 1

시간 전에 집을 나왔습니다. 그러나 그날따라 차가 막혀서 사생대회에 10분 늦었습니다. 이때 어머니가 "그것 봐. 엄마가 뭐랬어"라든가 "엄마 말을 듣지 않으면 결국 너만 손해야"라고 설교하듯 말해서는 안 됩니다. "다음부터는 넉넉하게 시간을 두고 출발하자꾸나" 정도로 얘기합니다. 다음에 어디를 갈 때면 그 아이는 어머니의 말을 들을 것입니다.

원하지 않을 때 부모가 조언을 하면 어쩐지 자신이 똑똑하지 못해 비판받는 것처럼 받아들일지 모릅니다. 자녀는 동정을 받고 싶다든지 툭 털어놓고 이야기하고 싶다든지 자기가 생각하고 있는 것을 확실히 해두고 싶을 때 부모를 찾기도 합니다. 그럴 땐 그저 "그래" "알겠어"라고 이따금 맞장구를 치면서 아이가 하는 말에 귀를 기울여주면 됩니다. 이후 아이는 스스로 문제를 해결해 갑니다. 자녀가 하는 말을 들어주는 것만으로도 '고백' 단계에서는 대단히 효과가 있습니다.

아이가 충고를 바랄 때조차 금방 대답해 줄 필요는 없습니다. "네 생각엔 어떻게 하는 게 좋겠니?"라는 식으로 되물어 스스로 해결책을 찾게 합니다. 자녀가 "모른다"고 대답하면 "……라고 생각한 적은 있어?" 하는 식으로 해답의 범위를 좁혀나갑니다. 얕은 생각으로 중요한 일을 결정짓지 않도록 가끔씩 충고해 주는 것도 좋습니다.

아이가 한 달 만에 피아노 학원을 그만두려고 할 때 "차분하게 생각한 뒤에 결정한 것 같지는 않은데, 후회하지 않겠니?"라고 물어보십시오.

또 이런 경우에는 최종적으로 결정하는 것은 아이 자신이라는 점을 처음부터 확실하게 말해 두는 편이 좋을 것입니다.

자녀가 중대한 잘못을 저지르고 있다고 생각되면 망설이지 말고 말해주십시오. 10대의 아이가 용돈의 대부분을 옷을 사는 데 쓰거나 연예인에게 선물을 보내는 데 쓰는 등 가치 없다고 생각되는 일에 사용할 수도 있습니다. 그럴 때 "엄마가 보기에는 용돈을 옷 사는 데만 집중해서 쓰는 것 같구나. 물론 그것도 중요하지만 좀 더 의미 있는 곳에 쓰면 좋겠다"라며 부모가 어떻게 느끼고 있는가를 구체적으로 전달하는 편이 좋을 것입니다. 그럼, 아이는 부모의 의견을 존중하게 될 것입니다.

부모도 인간이니 판단을 잘못할 수도 있습니다. 그럴 때에는 "미안하구나, 내가 생각을 잘못했다"고 주저하지 말고 사과하십시오. 자녀 앞에서 잘못을 인정하는 것은 부모의 권위를 손상한다든가 신뢰를 저버리는 것과 무관합니다. 오히려 자녀는 그런 부모를 한층 더 신뢰할 것입니다.

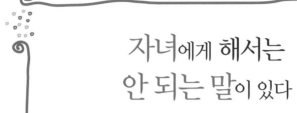

자녀에게 해서는
안 되는 말이 있다

아이가 즐거운 마음으로 부모의 일을 돕는다면 가장 바람직하지만 대부분 그렇지 않기에 일단은 해주는 것만으로도 고맙게 생각합니다. 그렇지만, 불평을 하는 아이에게 "네가 좋아서 엄마를 도와주리라고는 기대하지 않는다. 여하튼 해주기만 바랄 뿐이다"라든가 "네가 쓰레기 버리길 좋아하지 않아도 상관없어. 버려주기만 하면 그걸로 됐어"라는 식으로 말하지 마십시오.

일을 시키면서도 시원시원하고 단호한 태도를 보이면 아이들의 태도 역시 점차 좋아지게 됩니다.

아이와 진지하게 이야기를 나누는 것도 좋은 일입니다. 어떤 어머니가 아이에게 "네가 설거지를 하기 싫다고 말하면 엄마는 기분이 언짢단다"라고 말했습니다. 그 말에 아이는 "몰랐어요"라고만 하더랍니다. 그런데 조금 있다가 다시 이렇게 물으러 왔다는군요. "기분이 언짢다고 왜 진작 말하지 않으셨어요?"

부모는 일을 서둘러 하지 않는 아이에게 "그럼 이제부터 네 일은 네가 알아서 해라"라든가 "엄마가 방 청소 좀 하랬더니 싫다고 했지? 그러니까 나도 너에게 아무것도 해주고 싶지 않아"라는 식으로 말해서는 안 됩니다. 그런 말은 마치 보복하겠다는 것처럼 들리기 때문입니다.

그리고 아이의 태도를 부모 마음대로 단정 짓지 않도록 주의하십시오. 아이가 일을 거들고 싶어 하지 않는 것은 내면적인 예절이 충분히 갖춰지지 않았기 때문입니다. 아이가 일을 거들기 싫어할 때 그대로 내버려두면 스스로 알아서 하는 경우도 있습니다.

한 어머니는 방 치우기를 싫어하는 아이에게 잔소리를 하는 대신 즐겁게 청소하는 모습을 보여주었습니다. 음악을 틀어놓고 몸을 흔들며 즐겁게 책상을 닦고, 책 정리를 할 때도 '도레미' 계이름을 붙이는 등 지루하고 재미없게 느껴질 법한 청소가 즐겁고 신나는 일이라는 인식을 심어주었습니다. 일주일 후, 흥미를 느낀 아이가 조금씩 청소에 동참하더니 나중에는 혼자서 방 청소를 하게 되었습니다. 때로는 몇 마디 말보다 부모의 모범적인 행동과 침묵이 아이를 변화시키는 힘이 됩니다.

Part
07

남에게 도움을 주는
사람으로 키워라

자선은 인간의 도리임을 가르쳐라

 유대교의 "자선을 베풀어라"라는 계율은 곧 인간관계의 열쇠입니다. 자비심을 발휘한다는 것은 훌륭한 일을 하는 차원이 아니라 반드시 해야 한다는 일종의 의무입니다.

자비심에는 '능동적'인 면과 '수동적'인 면이 있습니다. 전자는 남에게 도움을 주는 일, 즉 타인의 행복을 위해 노력하는 것이며, 후자는 배려의 마음, 즉 다른 사람의 감정이나 소유물에 피해를 주지 않도록 하는 것입니다.

남에게 도움을 주는 일과 배려의 마음은 저절로 몸에 배는 것이 아닙니다. 자비의 정신을 아이들의 가슴속에 심어 주는 것은 부모의 책임입니다. 이러한 정신을 아이들에게 체득시키는 데는 두 가지 방법이 있습니다.

첫째는 부모가 모범을 보이는 것인데 그것만으로는 충분치 않습니다.

실제로 아이가 실천할 수 있는 기회를 만들어주어야 합니다. 가정은 그것을 행할 수 있는 가장 적합한 장소입니다.

새해가 되면 자녀에게 작은 저금통을 건네면서 "여기에 네 용돈을 조금씩 모아서 저금통을 꽉 채워보렴"이라고 말해 보세요.

"저금통이 차면 뭘 하죠?"

"뭘 했으면 좋겠니? 네가 한번 생각해보렴."

어머니는 아이가 스스로 판단할 수 있도록 기회를 주었습니다. 처음에는 평소 갖고 싶었던 장난감과 과자 등을 떠올리던 아이는 얼마 전 텔레비전에서 보았던 부모 없는 친구들의 얼굴을 떠올렸습니다.

"엄마, 생각났어요. 저 어렵게 사는 친구들을 도울래요."

"그래? 우리 아들이 참 기특한 생각을 했네."

이처럼 가정에서 먼저 남을 돕는 경험을 하게 되면 자신감이 생기고 성취감도 맛볼 수 있으므로 아이에게 큰 도움이 됩니다.

심리학자 루돌프 드레이커스는 다음과 같이 말했습니다.

"아이들도 어릴 적부터 가정생활에 적극적으로 참여시켜야 한다. 그것은 사회적 관심이나 협동심을 기르는 데 꼭 필요한 방법이다. 또한 아이는 점차 자신감이 생겨서 무엇인가 남에게 도움이 되는 일을 찾게 될 것이다."

가족은 일종의 팀이라 할 수 있습니다. 전체를 위해 구성된 한 사람 한 사람이 자신의 역할을 제대로 수행해 나갈 때 가정도 화목할 수 있습니다. 사회도 마찬가지입니다. 인간은 사회적 동물이라는 말이 있듯이, 나 혼자서 살 수 없습니다. 상대방을 배려하고, 나눔에 관대할 때 다른 사람과 더불어 살아갈 수 있습니다. 아이에게 책임을 나눈다는 의식을 형성시켜주는 문제는 자녀교육에서 매우 중요한 일입니다.

방해가 되더라도
부모를 돕게 하라

대부분의 아이들은 부모의 일을 돕고 싶어 합니다. 부모의 일을 거드는 과정을 통해 아이는 어엿한 한 사람이 된 듯한 느낌을 받습니다. 그렇지만 아이가 부모의 일을 돕는 것이 오히려 방해가 될 때도 있습니다. 게다가 어린아이는 일을 하나의 놀이로 받아들이기 때문에 어른들처럼 일에 집중하거나 또는 주어진 일을 빨리 마무리하지 않습니다.

그렇기 때문에 아이가 모처럼 일을 도와도 결국 참지 못하고 지나친 간섭을 하거나 돕고 싶어 하는 아이의 바람을 처음부터 묵살하는 부모도 있습니다.

초등학교 2학년인 아이가 엄마가 잠깐 집을 비운 사이 설거지를 하다 그만 접시를 깨뜨리고 맙니다. 때마침 집에 도착한 어머니가 이 모습을 봅니다.

"어머, 이게 웬일이야. 내가 아끼던 접시를! 넌 왜 시키지도 않은 짓을 하고 그래? 누가 너보고 설거지하라고 했어? 하라는 공부는 안 하고, 내가 못살아!"

제 딴에는 어머니를 돕겠다는 마음으로 설거지를 한 것인데 꾸중을 들으면 그만 속상해 제 방으로 들어갑니다.

돕고 싶어 하는 아이의 행동을 '참견한다' 또는 '방해한다'고 생각하기 때문에 때로 몹시 거추장스럽다고 말하는 부모도 있습니다. 이것은 일의 능률만 따진 나머지 돕고자 하는 아이의 순수한 동기를 간과한 결과입니다.

아무리 서툴러도 "안 돼. 너에게는 무리야. 결국 망쳐놓고 말 테니까"라면서 아이에게 기회를 주지 않는 것은 잘못입니다. 남을 돕는 것은 자신을 돕는 일이기도 한데 그 기회를 부모가 빼앗아버리면 안 되겠지요.

아이가 좀 더 자라서 여러 가지 일을 척척 해낼 수 있게 될 때 도와달라고 하면 된다고 생각할 수도 있습니다. 하지만 유감스럽게도 그때는 이미 좀처럼 말을 듣지 않는 아이로 성장해 있을 겁니다. 만약 그런 상황을 바라지 않는다면 다소 불편하고 오히려 일을 번거롭게 만들더라도 아이가 일을 돕도록 허락하는 편이 좋습니다.

아이가 어리더라도 빈 그릇을 부엌으로 나르거나 테이블을 닦는 일 정도는 할 수 있습니다. 대개 다섯 살이나 여섯 살 정도가 되면 설거지를 할 수 있고 또, 하고 싶어 하는 경우가 많습니다. 이럴 때는 받침대나 의자 등을 활용하게 하십시오. 시간이 걸리는 만큼 가치 있는 훈련이 될 것입니다. 이런 훈련은 아이가 어릴 때부터 시작하는 편이 바람직합니다. 다 자란 뒤에는 습관을 들이기가 훨씬 어렵습니다.

아이들이 집안일을 돕는 것을 무슨 소꿉놀이하듯 여기더라도 개의치 마십시오. 그것은 나름대로 일을 즐기는 모습이니까요. 그렇게 함으로써 일하는 즐거움과 협동의 중요성을 알게 된다면 그보다 더 좋은 일이 어디 있겠습니까.

또 어떤 어머니들은 '크면 어차피 고생해야 하니까 어릴 때 실컷 놀게 해주자'며 아이에게 일 시키는 것을 주저합니다. 그러나 그것은 아이가 일이란 번거로운 것, 고생스러운 것 정도로 인식하게 만드는 매우 위험한 발상입니다. 그렇게 자란 아이들은 남을 돕거나 배려하는 마음이 전혀 없는 이기주의자가 되기 쉽습니다.

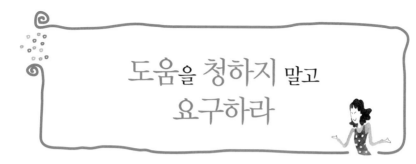

도움을 청하지 말고
요구하라

도움을 청할 때의 방법은 이후 다시 일을 돕겠다고 하는 아이의 태도에 결정적인 영향을 미칩니다. 아이에게 일을 부탁할 때 "……해주었으면 좋겠는데"라고 하는 것은 피하는 편이 좋습니다. 이런 말은 부모의 바람이 중심이 되어버리기 때문입니다. 부드럽고 당당하게 청하는 것이 가장 바람직합니다. "넌 착한 아이니까 엄마를 위해서 쓰레기를 버리고 오겠지"보다는 "쓰레기를 버리고 오렴"이라고 말하는 편이 좋습니다.

"휴지 좀 가져다주지 않을래"라든지 "지금 괜찮다면 심부름 좀 해주지 않겠니"라는 식으로 부탁하는 것은 절대로 피해야 합니다. 아이가 기쁘게 도와줄 것인지 혹은 이런 부탁을 해도 괜찮을지 염려하는 부모의 자신 없는 태도는 아이에게 직접적으로 전달됩니다.

"설거지를 돕고 싶니?"보다는 "설거지를 도와주렴"이라고 말하는 편이 좋을 것입니다. 전자의 경우라면 만일 아이가 싫다고 했을 때 달리 방법이 없기 때문입니다. 또한 일을 시키면서 반드시 도우라고 말할 필요는 없습니다. "저녁 식탁은 네가 차릴 수 있겠지"라든가 "오이 자르는 일은 도울 수 있지"라고 할 수 있습니다.

때로는 "……해주면 고맙겠구나"라는 식으로 말해도 좋을 때가 있습니다. 그러나 이 경우에도 결코 아이에게 도와 달라고 애걸하는 것이 아닙니다. 또한 부모가 얼마나 지쳐 있는지에 대해 말할 필요도 없습니다. 자칫 변명으로 들리기 쉽습니다. 그저 "도와주렴" 하면 그뿐입니다. 도움을 청하면서 이유를 말할 필요는 없습니다.

다음은 자녀 셋을 둔 어떤 어머니의 경험담입니다.

셋째 아이를 낳았을 때 어머니는 아무런 주저 없이 첫째, 둘째 아이들이 집안일을 돕도록 했습니다. 도저히 혼자 집안일을 감당하기 어렵다고 판단했기 때문입니다. 어머니가 아기에게 젖을 먹일 때, 첫째 아이는 설거지를 하고 둘째 아이는 자기 방 청소를 하게 했습니다. 그 결과 셋째 아이는 별 무리 없이 자랐으며, 다른 아이들도 서로 돕는 것이 얼마나 중요한 일인지를 충분히 납득하게 되었습니다.

아무리 지치고 바쁘더라도 아이에게 담담하고 온화하게 도움을 청하십시오. 부모의 음성에 분노나 초조의 빛이 스며들지 않도록 주의해야 합니다. 예를 들어 "이리 와서 식탁 좀 치워라"는 말을 할 때 표정이나 말씨가 굳어 있다면 지나치게 강압적으로 들릴 수 있습니다. 부모가 자기를 비판하고 있다고 느끼면 아이는 돕고 싶은 마음이 없어질 것입니다.

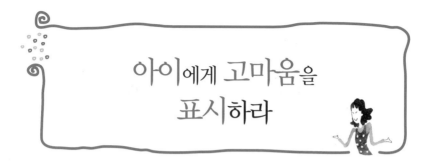

아이에게 고마움을
표시하라

아이에게 도움을 받았다면 감사의 마음을 표시하십시오. 그것은 곧 남에게 도움을 받았을 때는 어떻게 하는 것이 바람직한가를 알려주는 본보기가 됩니다. 그렇다고 과장되게 감사를 표하는 것은 좋지 않습니다.

아이가 자신의 방을 청소했을 때 어머니가 "어유, 우리 딸 정말 착하네. 역시 네가 세상에서 최고야"라고 한다면 아이는 당연한 일을 했다고 생각하는 것이 아니라 자신이 하지 않아도 되는 일을 한 것이 아닌가 의심할지도 모릅니다.

게다가 그것이 습관이 되면 칭찬을 받지 않으면 직성이 풀리지 않는 성격으로 변합니다. 또한 자신이 한 일은 모두 칭찬받을 만한 가치가 있다고 굳게 믿어버립니다. 그뿐만 아니라 자신이 한 모든 일을 부모는 물론이고 주위 사람들로부터 항상 인정받지 않으면 무언가 모자란 듯한 느낌

을 받게 될지도 모릅니다. 조그만 일에는 그저 "고맙다" 하는 것만으로 충분합니다. 늘 해왔던 집안일이라면 그러한 말조차 필요 없는 경우도 있습니다.

고마움을 표시할 때는 도움을 준 것과 아이의 인격이 별개라는 점을 유의해 주십시오. 과장되게 칭찬하는 것과 마찬가지로 "설거지를 도와주다니 참 착한 아이구나"라고 한다면, 자칫 남들에게 잘 보이고 인정받기 위해 돕는 게 되어버리기 때문입니다. 반대로 "열심히 잘해 주었구나"라든가 "오늘은 네 덕분에 엄마가 힘이 덜 들었단다"라는 식으로 객관적인 입장에서 칭찬을 한다면 아이는 자신이 한 일에 대한 본질적인 가치를 깨닫게 될 것입니다.

무엇보다 사실에 근거하여 칭찬해 주십시오. 사실이 아니거나 또는 그럴 만한 가치가 없는 일에 대해 칭찬을 받는다면 아이는 기분이 좋을 리 없습니다. 부모가 말하는 만큼 자신이 '좋은 아이'가 아니라는 것을 깨달으면 그 기대만큼 할 수 없다는 사실을 충동적인 행동으로 표출하려는 경우가 있기 때문입니다.

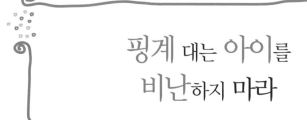

핑계 대는 아이를
비난하지 마라

때로는 일을 돕고 싶어 하지 않는 것도 아이로서는 지극히 당연한 일입니다. 그렇지만 아이가 심부름을 거부하면 대개 부모는 마음이 약해질 수밖에 없습니다. 아이가 싫어하는 일을 무리하게 시키고 싶지 않기 때문입니다.

부모의 이러한 감정은, 자신이 어린아이였을 때 하기 싫은 심부름을 하면서 불쾌했던 기억이 바닥에 남아 있는 것입니다. 혹은 아이가 부모를 원망하지는 않을까 하는 염려 때문인지도 모릅니다.

그래서 도움을 청했다가 싫다고 하면 "정말 하기 싫으면 하지 않아도 좋다"며 한 발 물러서기도 합니다. 아이에게 불평을 듣는 것이 싫은 나머지 아무리 어려운 일이라도 부모가 알아서 하는 편이 낫다고 생각하는 경우도 있습니다. 그렇지만 이렇게 해서는 아이에게 협력을 기대할 수 없습니다.

반면 어떤 어머니들은 아이가 일을 돕고 싶어 하지 않으면 신경질적인 반응을 보입니다.

"왜 찌푸리는 거니? 심부름하기 싫은 거야?"라든가 "엄마 혼자 집 청소 다하게 해놓고 태평하게 잘도 자는구나"라고 야단을 치거나 "됐어, 상관하지 마. 나 혼자 할 테니까"라고 싫은 소리를 합니다. 이렇게 되면 아이 역시 기분이 상하고, 부모를 도우려는 마음은커녕 자포자기 상태에 빠져버립니다. 마치 부모가 자식에게 "넌 심부름을 하기 싫어하는 나쁜 아이야"라는 꼬리표를 붙이는 것과 같은 결과를 낳는 것입니다.

자식을 야단치거나 비난하면서도 그 결과를 알기 때문에 스스로를 책망하는 부모가 상당히 많은 것 같습니다. 그러나 어른들이 그렇듯 아이들 역시 오랜 세월 동안 몸에 밴 행동 패턴은 좀처럼 바꾸기 어렵다는 것을 기억하기 바랍니다. 비록 부모가 자식을 나무라지 않고 보다 효과적인 방법으로 일을 도와 달라고 하더라도 당장 아이의 태도가 변하는 것은 아닙니다. 아이의 태도가 달라지지 않으면 부모는 또다시 전처럼 불평을 하거나 불만을 표시하게 됩니다. 아이의 태도를 나쁘다고 책망하거나 자신을 형편없는 부모라고 자책하겠지요.

이렇게 되면 부모 자식 간에 갈등의 악순환이 되풀이될 뿐입니다. 그러므로 서로에 대한 성급한 판단은 잠시 미루십시오. 만약 "좀 도와주렴" 했을 때 아이가 싫은 얼굴을 한다면 완전히 무시하는 것이 제일입니다.

아이가 '피곤해서 못하겠다' '숙제가 많다' 등 핑계에 가까운 이야기를 하더라도 불쾌하게 받아들이지 말고 우선은 말 그대로를 이해해 주세요. 그리고 온화한 표정으로 "야채를 씻어 주렴"이라고 말하면서 부드럽게 아이의 뺨을 쓰다듬으면 이상하게 일이 잘 풀리곤 합니다.

아이가 "하고 싶지 않다" "하기 싫다" 하고 분명하게 거부해도 절대 흥분하지 마세요. "하기 싫다니, 그게 도대체 무슨 소리지? 엄마가 하라면 해야지!"라고 말하는 것은 금물입니다. 부모가 한 말에 반발해선 안 된다는 것은 시간이 좀 지났을 때 부드럽게 설명해야겠지요.

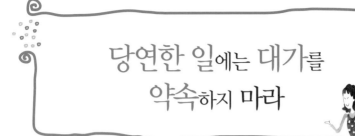

당연한 일에는 대가를
약속하지 마라

일을 돕는 데 대한 동기 부여로 용돈이나 상을 주는 부모가 있습니다. 앞에서 살펴본 것처럼 바른 행동을 몸에 익히게 하기 위해서 상을 주는 것도 하나의 방법이 될 수 있습니다. 그러나 가사는 당연히 도와야 하는 일이므로 반드시 상을 줄 필요는 없습니다.

상을 주는 일이 반복되면 아이는 '이걸 하면 무엇을 받을 수 있을까' 하고 미리 기대하게 되고, 거드는 일마다 대가가 오간다면 부모 자식 간의 관계가 왜곡될 수 있습니다. 이미 자식은 부모로부터 수많은 것들을 받고 있지 않습니까? 자식들에게 감사의 마음을 표현할 수 있는 기회를 제공해 주는 것도 중요합니다.

자식은 마땅히 부모를 존경해야 하며 가족이라는 집단을 위해 자신의 역할을 수행할 줄 알아야 합니다. 그러므로 물건을 사러 가거나 쓰레기

버리는 일쯤은 의무라고 가르쳐야 하는 것입니다. 가사를 돕는 대가로 과자나 용돈을 준다는 등의 약속은 의무감의 발달을 저해할 뿐입니다.

싫어하는 일에 대해 하고자 하는 마음을 불러일으키려면 종종 색다른 방법을 시도해 볼 필요가 있습니다.

다음은 어느 어머니의 경험담입니다.

"우리 집 아이는 엄마랑 함께 요리하는 것은 무척 좋아하는데 음식을 하고 정리하는 것을 귀찮아해요. 그런데 어느 날, 제가 설거지를 끝내고 남은 세제 거품으로 비눗방울 놀이를 할 수 있다는 걸 보여 주니까 재미 있다고 난리더군요. 그 후로는 비눗방울 놀이가 하고 싶어서라도 설거지를 적극적으로 돕는답니다."

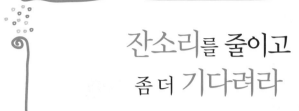

잔소리를 줄이고
좀 더 기다려라

처음부터 일하기 싫다고 하지는 않지만 자꾸 투덜거리며 꽁무니를 뺀다거나 깜박 잊어버렸다면서 일을 하지 않는 아이가 있습니다. 아이가 해야 할 일을 하지 않으면 부모는 신경이 날카로워집니다. 그렇다고 "넌 어째서 엄마가 눈만 떼면 아무것도 안 하려고 드니?" 하고 아이에게 화를 내봤자 역효과만 날 뿐입니다. 이럴 때는 아이의 성격이 나빠서가 아니라 그저 나쁜 버릇 때문이라고 생각하십시오.

그리고 이런 버릇을 고쳐나가도록 가르치세요. 음성을 낮추고 "아버지나 어머니가 무슨 일을 시키면 얼른 해야 하는 거야. 자꾸 똑같은 말을 하기 전에 말이야. 그게 너의 의무란다. 하지만 네가 뭘 열심히 하고 있는 중이라면 '이거 먼저 하고 나서 해도 돼요?' 하고 물어보렴. 그럼, 엄마는 네 입장을 충분히 이해할 거야"라고 이야기하세요.

물론 뒤로 미루는 버릇은 좀처럼 고쳐지지 않는 것이므로 아이가 금방
말을 듣지는 않을 것입니다. 그렇다 해도 참을성 있게 지켜봐야 합니다.

"도대체 몇 번이나 말해야 알아듣겠니? 제발 한 번 말했을 때 듣는 척
이라도 해라, 응?" 따위의 말투도 피해야 합니다. 뿐만 아니라 "부탁이니
설거지 좀 하렴" 같은 표현의 경우 '부탁'이란 말을 조금만 강조해도 부모
의 안달이 그대로 전달됩니다. 어쨌거나 중요한 것은 '아이가 집안일 거
드는 데 대해 꾀를 피우는 건 부모인 내가 무능하기 때문이야'라고 생각
하지 않는 일입니다. 아이들은 대단히 민감하므로 부모와 주고받는 말에
서 쉽게 영향을 받습니다.

때때로 꾀를 피우는 아이에게 적당한 기회를 만들어 주는 것도 괜찮겠
지요. 화분에 물을 주기로 되어 있다면 슬그머니 분무기를 건네고, 식사
준비를 시키려면 "얘야, 접시" 등의 한두 마디 말로 충분한 경우도 있습니

다. 메모를 이용하는 것도 효과적인데 그것을 다른 형제들에게 전달하도록 하는 것도 좋을 것입니다. 표를 만들어보는 것도 좋습니다. 아이가 유리창을 닦기로 한 날을 잊고 있다면 "오늘 뭐 하는 날이더라? 표를 한번 보자"라고 말합니다.

계속 꾀를 부리기만 하고 다른 형제들과 달리 혼자 노는 아이에게는 가족이란 원래 한 사람 한 사람이 자신의 역할을 수행하는 공동체라는 사실을 상냥하게 설명해 주십시오. 서로 협력하는 것과 각자 열심히 일하는 것에 대한 중요성을 부드럽게 그러면서도 분명하게 들려주는 것입니다.

일반적으로 그러한 훈련을 계속하는 동안 부모는 참을성 있게 기다릴 줄 알아야 합니다만 때로는 직접 나서야 하는 경우도 있습니다. 그런 때에도 아이에게 죄책감을 느끼게 해서는 안 됩니다. 아이가 만일 "그렇잖아도 지금 하려고 생각하고 있었는데"라고 말하며 계면쩍어한다면 "미안하다. 하지만 지금은 너무 급해서 말이야"라고 대답하십시오.

투덜거리면서 좀처럼 하려 들지 않는 아이가 일을 하려면 아무래도 몹시 더디고 깔끔하게 처리되지도 않겠지만 그래도 하지 않는 것보다는 낫습니다. 그럴 땐 얼른 아이가 한 일을 확인하고 솜씨야 어떻든 다시 시키도록 합니다.

아이에게 책상을 닦으라고 했는데 여전히 먼지가 많다면 이때는 "책상이 잘 닦이지 않았구나. 다시 한번 닦으렴" 하고 분명히 말하십시오. 처음에는 되도록 잘된 부분만을 찾아서 이야기해 주도록 합니다. "우아, 그릇이 아주 깨끗해졌구나. 하지만 숟가락에는 여전히 밥풀이 묻어 있네. 그것만 다시 닦으렴" 정도로 말하세요.

완벽한 기대는 금물입니다. 만약 비판적인 말을 해야 할 경우 "너라면 좀 더 잘할 수 있을 거야" 등의 고무적인 표현을 쓰도록 하세요.

　아이에게 일을 시켜놓고 옆에 착 달라붙어서 확실하게 했는지 어떤지를 감시하는 것도 피해야 합니다. 아이는 부모로부터 신뢰받기를 원합니다.

　아이가 제 방 청소를 할 때 아주 미세한 부분은 지나칠 때가 있습니다. 그럴 때는 "저기 머리카락을 안 치웠네. 얼른 주워서 버려"라든가 꾸짖는 식으로 일일이 잔소리 하는 것은 좋지 않습니다. "머리카락이 떨어져 있네" 정도로 말하면 충분합니다.

배려하는 마음을
가르치는 몇 가지 방법

물건을 제자리에 갖다놓는다

아이들은 종종 자신이 사용한 물건을 본래 있던 자리에 갖
다놓지 않고 그대로 두곤 합니다. 부모로서는 매우 성가신 일
이지만, 이때도 신경질을 내지 말고 잘 타이르도록 합니다.

아버지가 텔레비전을 보려는데 리모컨이 없어진 것을 알아차렸습니
다. "리모컨 어디 있어? 넌 왜 맨날 물건을 쓰면 제자리에 갖다놓을 줄을
모르니!"라며 화를 내기보다는 "누가 리모컨을 쓰지 않았니?"라고 한 사
람 한 사람에게 조용히 물어보는 것이 좋습니다. 말썽의 장본인이 밝혀져
도 "텔레비전 보고 리모컨을 제자리에 갖다놓는 걸 잊었구나. 다음에는
주의하렴"이라고 말하는 것이 좋습니다. 기회를 봐서 그 아이에게 여러
사람이 함께 쓰는 물건을 썼을 때에는 반드시 제자리에 놓는 일이 중요하
며, 그렇지 않으면 남에게 어떤 피해를 주게 되는지 차분하게 설명해 주

어야 합니다. 다른 사람의 물건을 사용할 때는 미리 양해를 구하는 것이 옳다는 점을 가르쳐 주는 것도 좋겠지요.

그렇게 해도 버릇이 고쳐지지 않는다면 그 물건을 쓰지 못하게 합니다. 서재에 있던 아버지의 스테이플러를 사용하고 여러 번이나 제자리에 가져다놓지 않았다면 "안됐지만 당분간 스테이플러를 빌려주지 않겠다. 제자리에 갖다놓는 걸 세 번씩이나 잊어버렸으니까"라고 말해 주십시오. 그래도 가져다 쓴다면 그때는 적절한 벌을 주도록 합니다.

어떤 어머니는 손톱깎이가 본래 있던 서랍에서 자주 없어지는 걸 보고 '손톱깎이를 쓴 뒤에는 서랍에 다시 넣어둘 것'이라는 메모지를 붙여 두었습니다. 그러나 역시 소용이 없었습니다. 어머니가 다시 '이 방에서 가지고 나가지 말 것!'이라고 적어두었더니 그제야 없어지지 않았다고 합니다.

흩어져 있는 것을 정돈한다

아이들은 물건을 어질러놓고 집에 있는 다른 사람, 특히 어머니한테 대신 정리하도록 하는 경우가 많습니다. 그때 '이렇게 더럽히고 나더러 치우라고 하다니'라고 신경질을 내면서 혼자 정리하는 것은 서로를 위해 좋은 방법이 아닙니다.

아이가 방바닥에 과자 부스러기를 흘리고 모른 척한다면, 살짝 걸레를 밀어 주고 치우라고 말합니다. 만일 "이것만 하고 할게요"라면서 일을 미룬다면 밝은 목소리로 "지금 치우렴. 깨끗이 하고 나서 먹는 게 좋지 않니"라고 말해 보십시오.

아이가 늦게 집에 돌아와서 혼자 밥을 먹을 때도 스스로 뒷정리를 하게 합니다. 만일 치우는 걸 잊었다면 아이를 불러 "뒷정리를 안 했구나"라고 조용히 말하십시오. 아이가 먹고 난 것을 어머니가 항상 치우는 것은 곤란한 일이지만 그렇다고 심하게 잔소리를 하는 것도 좋은 방법이 아닙니다. 때로는 눈감아 주는 여유도 필요합니다.

부모의 요구를 깨닫게 한다

집이 말끔히 정리되어 있다고 해서 그것만으로 부모가 모든 것을 만족스럽게 생각하는 것은 아니란 점을 아이에게 알릴 필요가 있습니다.

아이에게 방해를 받지 않고 조용히 처리할 일이 있다면 부모가 미리 부드럽게 설명해 주는 것이 좋습니다. "엄마는 빨래를 개고 나서 저녁 준비해야 하니까 그때까지 네 방에서 놀고 있으렴"이라든지 "지금 볼일을 봐야 하니까 끝날 때까지 네 방에 가 있으렴"이라고 이야기합니다.

두통이 있다든지, 갓난아이를 돌보느라 밤에 잠을 설쳐 몹시 피곤할 때가 있을 것입니다. 신경이 날카로워져 있을 때에는 자칫 냉정을 잃기 쉽습니다. 그럴 때는 "엄마는 지금 굉장히 머리가 아프단다. 잠시 저쪽에 가서 놀고 있으렴"이라고 간단하게 설명해 주는 것으로 충분합니다.

신경이 예민해져 있을 때야말로 아이에게 냉정하게 대응하는 것이 무엇보다 중요합니다. 한창 바쁘게 일하고 있는 와중에 아이가 부엌을 들락거리며 먹을 것을 달라고 조른다면 '간식 금지'의 규칙을 만들어서 아이에게 충분히 이해시킵니다. 미리 과일이나 마실 것을 아이 방에 가져다 놓는 것도 좋겠지요. 물론 다 큰 아이들에게는 집안일을 거들거나 동생들을 돌보도록 합니다.

남의 집을 방문할 때나 전화 통화를 할 때

어머니가 아이들의 방해를 받지 않고 다른 사람과 얼마나 오래 이야기를 나눌 수 있을까요? 아이가 주의를 끌고 싶어 하는 것을 무시하는 것은 좋지 않다고 믿는 부모가 상당한 것 같습니다. 하지만 아이들은 부모의 이러한 염려를 이용하여 점점 더 주의를 끌려고 하는 경향이 있으므로 그대로 방치해서는 안 됩니다.

부모가 일일이 돌봐주지 않더라도 아이는 의외로 오랜 시간 잘 지낼 수 있습니다. 아이의 방해를 받을 때마다 다른 사람과의 이야기를 중단하게 되면 점점 더 끼어들려고 한다는 점을 기억하시기 바랍니다. 이야기 도중에 몇 차례나 "자꾸 귀찮게 할래?"라고 불평하는 것보다는 "엄마가 다른 사람하고 이야기할 때 방해해선 안 된다"라고 가르쳐 주는 것이 좋습니다.

아이와 함께 외출해서 아는 사람을 만났을 경우 "잠깐 친구와 이야기를 좀 나눌게" 하고 상냥하게 아이의 양해를 구합니다. 만일 집에 손님이 왔다면 "손님이 오셔서 바쁘단다"라고 아이가 알아듣게 설명합니다. 아이가 무언가 이야기를 하러 오면 "미안하지만 엄마는 지금 손님과 이야기를 하고 있는데"라든가 "무슨 급한 일이니? 아니면 이따가 할래?"라고 물어보세요.

물론 아이의 존재를 잊고 있는 게 아니란 점을 확인시키기 위해 신경을 쓸 필요가 있습니다. 만일 아이가 무슨 이야기를 하러 오면 잠시 이야기를 멈추고 미소를 지으며 뺨을 어루만져 주십시오. 아이는 그런 조그만 일에도 곧 안심하게 됩니다.

아이가 울거나 보챌 때에는 품에 안고 잠시 쓰다듬는 것도 좋지만 그렇더라도 냉정하게 대화를 계속해 나갑니다. 그 자리에서 "이 아이는 얼마나 말썽을 부리는지 몰라요"라면서 아이를 비난하거나 "엄마 좀 귀찮게 하지 마라"는 식의 부탁을 하는 것은 좋은 방법이 아닙니다.

　전화도 문제입니다. 눈앞에서 손님과 이야기하고 있을 때와 달리 아이의 눈에는 상대가 보이지 않기 때문에 자칫 전화받는 사람을 방해하기가 쉽습니다. 그럴 때는 잠시 이야기를 멈추고 "좀 기다리렴. 지금 전화를 받고 있으니까"라고 이야기합니다. 이런 경우에도 큰소리로 나무라는 것은 좋지 않습니다. 아이에게 무언가 중대한 일이 있을 때만 전화 도중에 말을 걸어야 한다는 것을 미리 말해 둡니다. 그렇다고 너무 오랫동안 아이를 기다리게 하는 것은 곤란합니다. 아이와 놀아 주는 시간을 만들기 위해 일부러 매일 1시간 정도씩 전화선을 빼놓는 어머니도 있다고 하니까요.

예의범절을 가르치는 것은 중요하다

예의범절은 상대방에 대한 배려의 일부이므로 『탈무드』의 현자들은 이를 매우 중시하고 있습니다. 예의범절을 깍듯이 차리는 것이 형식에 치우치는 일이라 하여 이를 무시하는 사람도 있습니다. 그렇지만 예의범절을 지키지 않는다면 인간관계가 매우 거칠어질 것입니다.

부모는 우선 모범을 보이면서 아이들에게 예의범절을 가르쳐야 합니다. 그리고 가끔씩 "너도 따라해 보렴" 하고 적극적으로 권유합니다. 예를 들면 아이가 오빠 손에 들려 있는 아이스크림을 가리키며 "아이스크림 먹고 싶어"라고 말하면 "아이스크림 좀 주세요"라고 고쳐준다든지 "그럴 경우에 어떻게 말해야 하지?" 하고 아이에게 질문을 합니다.

또한 아는 사람을 만났을 때에는 인사하는 것이 중요하다는 점을 가르쳐야 합니다. 남에게 말할 때에는 밝은 표정으로 이야기하도록 가르치는 것도 잊어서는 안 됩니다.

아이들이 예의범절을 익히지 않으면 부모로서 마음이 편안할 수 없습니다. 다른 사람들과 함께 있을 때는 남들이 어떻게 생각할지 불안하기까지 합니다. 아이가 어른을 보고 인사는 하지 않고 빤히 쳐다만 본다면 부모가 예의범절을 잘 가르쳤다고 할 수 없을 것입니다.

아이가 버릇없이 행동하면 자꾸 잔소리를 하게 되는 것이 당연하지만 그것만으로는 버릇이 고쳐지지는 않습니다. 당장은 태도가 바뀐다 해도 그때뿐이니까요.

그러므로 아이와 둘만 있게 될 때, 어째서 예의범절을 지켜야 하는지 알아듣도록 잘 설명해 주도록 합니다. 어른한테 반말을 쓰는 아이라면 '만약 엄마가 너한테 뭘 부탁하고 싶은데 '우유 가져와'라든가 '이거 치워'라고 말하면 어떻게 들리겠니? 명령을 받은 것 같겠지? 이럴 땐 너도 엄마가 '우유 좀 가지고 오렴'이라든가 '이거 좀 치워주겠니'라고 말하길 바랄 거야'와 같이 구체적인 모범을 제시하는 쪽이 효과적입니다.

남의 집을 방문했을 때 아이들이 먹을 것을 달라고 조르는 경우가 있습니다. 이럴 때도 그 자리에서 아이를 야단치지 말고 원하는 것을 준 뒤 집에 돌아오는 길이나 집에 도착하고 나서 조용히 타이르도록 합니다.

역할을 정해 미리 연습하는 것도 상당히 바람직한 방법입니다. 가령 어머니의 친구가 선물을 갖고 집을 방문한다고 가정한 뒤 아이와 함께 연습하는 것도 재미있습니다.

"이제 곧 아주머니가 오실 거야. 아마 네게 주려고 선물을 사오실 거야. 그럴 때 어떻게 인사해야 좋을지 같이 연습해 볼래?"

먼저 어머니는 아이 역할을 하고, 아이는 아주머니 역할을 시켜 밖으로 나가 초인종을 누르게 합니다.

    아이 : 잘 있었니?

    어머니 : 아주머니, 안녕하세요?

    아이 : 자, 받아라. 선물이야.

    어머니 : 고맙습니다.

    그다음에는 역할을 바꿔서 어머니가 아주머니가 되고 아이는 제 역할을 하도록 합니다. 연습이 끝나면 아이에게 "참 잘했다. 그렇게 공손하게 인사하면 아주머니가 참 기뻐하실 거야"라고 말해 줍니다. 나중에 손님이 다녀간 뒤에도 아이가 잘했다면 칭찬을 합니다.

Part
08

스스로 좋은
습관을 갖게 하라

즐겁게 정리하는 법을 가르쳐라

정리정돈을 처음 가르치는 방법으로 아이의 장난감을 정리해서 보여주는 것이 좋습니다. 각각의 장난감을 두는 장소를 정해 "인형은 여기에 두고, 퍼즐은 저쪽에 두고……" 하는 식으로 지시합니다.

장난감을 한곳에 정리하려면 상자보다는 키가 낮은 선반이 적당합니다. 부품이 많이 달린 장난감은 튼튼한 상자라든가 유치원에서 사용하는 플라스틱 바구니에 정돈합니다. 뚜껑을 벗긴 커다란 병도 정리함으로 사용할 수 있습니다.

어머니 곁에서 놀기를 좋아하는 어린아이라면 조그마한 밀차에 장난감 몇 가지를 골라 넣어서 손쉽게 이동할 수 있게 하면 편리합니다. 플라스틱 세탁바구니도 무방합니다. 아이가 혼자서 바구니를 이 방에서 저 방으로 가지고 다니며 놀 수도 있고, 잔뜩 늘어놓은 장난감을 손쉽게 넣어

정리할 수 있습니다.

아이에게 정리정돈이 일종의 게임과 같은 것이라고 가르치세요. 아이가 즐겁게 그 일을 할 수 있게 됩니다. 일반적으로 아이들은 주위를 말끔히 정돈하는 것을 매우 좋아합니다. 그때 필요한 것은 아이에게 적당한 시간을 주고 완벽할 것을 기대하지 않는 일입니다.

거들어주는 손위 형제가 없으면 처음에는 어머니가 도와주십시오. 그리고 점차 정도를 줄여나가면 머지않아 아이가 혼자 힘으로 정리할 수 있게 됩니다. 그럴 때 "방을 아주 깨끗하게 정리했구나"라고 한마디만 해도 아이들은 고무되어 더욱 정리정돈을 잘하게 됩니다. 어머니가 즐겁게 정리를 도와주면 아이들도 더욱 적극적으로 일에 참여하게 됩니다. 대개의 아이들은 네댓 살 정도가 되면 부모의 손을 빌리지 않고 스스로 정돈할 줄 알게 되지만 가끔은 부모가 자진해 즐겁게 일을 거들어 주십시오. 다만, 아이의 방이 항상 말끔하게 정돈되어 있기를 기대하는 것은 다소 무리입니다.

저녁식사 전 등으로 방 정리하는 시간을 정해 두면 부모가 일일이 잔소리하지 않아도 되고, 아이도 번거롭게 생각하지 않게 됩니다. 정리하는 시간을 충분히 주기 위해 미리 시간을 알려주면 좋을 것입니다. 예를 들어 아이가 저녁식사 시간인 6시 전에 방 정리를 하기로 약속했습니다. 어머니는 아이에게 일일이 잔소리를 하기보다는 시계의 알람 타이머를 저녁식사 20분 전으로 맞춰두어, 아이가 시간이 얼마나 남았는지를 알고 일을 미루지 않게 합니다.

정리가 끝나면 일단 검사를 받도록 정하는 것이 효과적입니다. "참 잘했구나"라든가 "아주 깨끗하게 정리했구나. 저녁에 아빠가 오시면 말씀드려야겠네"라고 칭찬해 주면 아이에게 큰 격려가 됩니다. 정돈이 안 되어 있으면 어디가 덜 끝났는지 지적해 줍니다. 그리고 저녁식사는 정돈이 말끔히 끝난 뒤에 합니다.

먼저 부모가
신경질을 버려라

아이가 여럿이라면 부모의 신경질을 잠재우는 일이 그리 간단하지 않습니다. 정리정돈을 좋아하는 아이가 있는가 하면 그렇지 않은 아이도 있습니다. 성격이 깔끔한 아이는 그렇지 않은 형제 때문에 애를 태우게 됩니다. 아이가 신경질을 부리면 그 아이를 조용히 불러서 "네 기분은 엄마도 잘 안단다. 동생이 방 안을 어질러 놓아서 괴롭지? 하지만 신경질을 낸다고 무슨 소용이 있니. 동생이 방을 정리하도록 잘 타일러 보렴"이라고 말해 주십시오.

현명한 부모는 누가 어떤 장난감을 꺼냈는지 등의 사소한 일은 관여하지 않습니다. 방 정리는 아이들 서로가 힘을 합해서 해결해야 할 문제이기 때문입니다.

형제가 같은 방을 쓰고 있는 경우 대개의 어머니들이 큰아이 쪽에 방정리를 일임하는 것 같습니다. 그것은 좋은 방법이 아닙니다. 형제가 사이

좋게 협력하는 정신을 길러주어야 합니다. "퍼즐을 가지고 논 건 제가 아니에요. 준호가 한 건데 왜 내가 그걸 치워야 해요?"라면서 불평을 하는 아이에게는 미소를 지으며 "그렇구나. 하지만 어쨌든 치워야 하지 않니"라고 말하는 것이 어떨까요. 친구를 데리고 와서 함께 노는 경우에는 그 친구가 돌아가기 전에 "방 정리를 도와주렴" 하고 부탁해 봅니다.

옷 정리도 스스로 하도록 가르쳐야 합니다. 어린아이라면 옷을 개거나 말리는 일을 돕게 합니다. 이럴 때도 처음에는 어머니가 도와주면서 "옷이 정돈되어 있으니까 참 좋지? 입고 나갈 옷도 금방 찾을 수 있고"라는 말로 아이를 격려해 주십시오.

아침에 일어나서 잠자리를 정돈하는 것도 혼자 할 수 있는 나이가 되면 시켜야 합니다. 어린 나이라면 형이나 언니가 거들어 주도록 합니다. 학교에 지각하는 한이 있더라도 잠자리를 정리하는 일만은 꼭 스스로 하게 합니다.

아이가 잠자리 정돈을 하지 않고 그냥 학교로 달아난다면 일단 그대로 두세요. 아이가 학교에서 돌아오면 설교를 하거나 야단치지 말고 "오늘 아침에 이불을 개지 않고 그냥 나갔지? 자, 지금 하렴" 하고 조용히 권합니다.

한 번쯤 아이의 입장에서 생각해 보는 것도 좋을 것입니다. 아이들로서는 물건을 정리하는 습관이 붙어 있지 않으므로 필요하다는 것을 알면서도 막상 정리할 생각을 하지 않습니다. 그보다는 동화책을 읽거나 놀이 등을 즐기는 게 더 급한 것입니다. 그러므로 '정리는 나중에'라고 미루다 결국에는 치우기 싫을 만큼 방 안이 뒤죽박죽되는 것입니다.

"넌 게을러서 방 안이 지저분해도 아무렇지 않은 모양이구나" 하고 계속 잔소리를 하면 아이는 정말 그렇게 믿어버립니다. "그래, 어차피 난 게으른 아이야. 그러니까 방 안이 어떻든 신경을 안 쓰는 거야. 이제 됐지?"라고 반발하는가 하면 잘못한 걸 알면서도 태도를 바꾸지 않게 됩니다.

이러한 악순환은 몇 년이고 계속되는 경우도 있습니다. 그렇게 되면 부모까지 '어차피 그 애 방이니까 지저분하든 말든 좋을 대로 내버려 두지'하고 체념 상태가 됩니다. 이런 식으로는 아무것도 해결되지 않습니다. 그렇게 '나도 모르겠다'라는 식의 태도로 계속 밀고 나가는 것은 무리인데다가 마구 어질러진 것을 보면 벌컥 화를 내게 됩니다.

아이들의 태도를 고치려면 부모가 먼저 자신의 감정을 컨트롤해야 합니다. "돼지우리처럼 해놓고 어떻게 여기서 공책을 찾겠니"라는 식으로 비꼬는 말을 삼가는 것입니다. 그런 다음에는 '계속 어질러 놓으면 더는 못 참아'가 아니라 '어질러 놓는 건 질색이지만 화를 내봤자 나만 속상하지 아무런 도움이 되지 않아. 아이가 좋은 습관을 들일 때까지 참을성 있게 가르쳐 보자'라는 쪽으로 생각하는 것입니다.

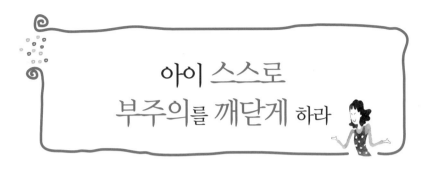

아이 스스로 부주의를 깨닫게 하라

아이들은 대개 학용품이나 옷을 아무 데나 던져놓고도 문제의식을 느끼지 않습니다. 그럴 땐 "네 책을 거실에 두었구나" 하고 살짝 일러 줍니다. "치울 게 있는지 한번 살펴보렴" 하고 말해 주어도 좋겠지요. 아이가 자신의 물건을 부엌에 마구 늘어놓았다면 "이런 게 어질러져 있으면 엄마가 음식을 제대로 만들 수 없단다" 하고 말해 주십시오. "얘들아, 여기다 양말을 벗어 놓으면 엄마가 곤란한데, 어떻게 하는 게 좋을까?" 하고 이야기를 꺼내서 서로 의견을 나누어 보는 것도 바람직합니다.

아이가 더럽혀 놓는 것이 버릇이 돼서 항상 집 안을 지저분하게 만든다면 좀 더 강력한 조치를 취해야 합니다. 조용히 불러놓고 "빨리 치우도록 하렴. 매일 똑같은 잔소리를 하고 싶지 않단다. 그렇다고 엄마가 매번 치워줄 수는 없잖니. 앞으로 아무 데나 굴러다니는 물건은 전부 이 자루에 넣어버릴 거야" 하고 말하는 것도 하나의 방법입니다.

그리고 그 자루를 어디에 둘 것인지 보여 주는 것입니다. 부엌의 선반 밑에 매달아두거나 남의 눈에 잘 띄지 않는 곳에 두고, 어질러 놓으면 그렇게 될 수밖에 없다는 것을 느끼게 합니다.

아이들은 옷이나 수건을 목욕탕에 그대로 던져 두는 버릇이 있습니다. 그런 경우 아이를 불러 "어머나!" 하고 손으로 가리키는 정도면 충분합니다. 아이도 무엇을 해야 하는지 이미 알고 있을 테니 더는 말할 필요가 없습니다.

유머를 섞은 메모지 등을 이용해 보는 것도 때로는 효과적입니다. 함부로 벗어 놓은 잠옷에 '베개 밑에 가서 얌전히 있고 싶어요'라는 메모를 달아둔다거나, 뚜껑을 열어놓은 치약에 '모자를 쓰고 선반 위로 가고 싶구나'라고 적어두면 말로 하는 것보다 훨씬 효과적입니다.

이 밖에도 아이들이 즐겁게 따라올 수 있는 재미있는 방법을 생각해 보시기 바랍니다. 책이 잔뜩 어질러져 있다면 그것을 몽땅 들고 아이에게 가서 "자, 이제부터 너는 책 담당관이다" 하고 말해 보는 건 어떨까요?

자신의 물건을 어디에 두었는지 자주 잊어버리는 아이라면 그 물건을 찾을 때 결코 도와주지 말아야 합니다. "며칠 전에 새로 산 공책이 없어졌어요"라고 말하는 아이에게 "그것 참 안됐구나" 하고 잔소리를 일절 하지 않습니다. 그렇게 되면 아이도 물건을 정리하는 일에 좀 더 신경을 쓰게 될 것입니다. 책임감을 키우기 위해서는 없어진 물건이 학용품인 경우 아이의 저금이나 용돈에서 충당하게 합니다. 스웨터·점퍼·장화·가방 등의 비싼 물건이라도 새것을 살 때 적어도 그 금액의 일부를 아이가 부담하도록 합니다.

옷이나 신발 등을 잃어버렸다면 새것을 사지 않고 형이나 언니가 입던 옷을 물려받도록 하는 것도 좋은 벌이 될 수 있습니다. 아이들은 대부분 자신의 부주의함을 충분히 느끼고 있을 것이므로 부모가 지나치게 잔소리를 하는 것은 좋지 않습니다. 잃어버리기 쉬운 물건들에 아이의 이름을 적어 놓는 것도 하나의 방법일 것입니다.

아이들이 '정리정돈은 어머니의 전매특허'라는 식으로 인식하게 되면, 그 일 자체를 가볍게 여길 수 있습니다. 집 전체를 깨끗이 치우고 사는 일이 중요하다는 것을 아이들이 깨닫게 하기 위해서는 아버지의 협력이 없어서는 안 되겠지요.

지각은 부모 탓이
아님을 알게 하라

어느 가정에서나 아침 시간은 거의 전쟁터를 방불케 하지요. 지각할 것에 대한 걱정으로 부모는 마음이 조급해지기 쉽고 아이들도 마찬가지입니다.

"자, 어서 일어나" "꾸물거리지 말고 빨리 옷 갈아입어야지" "빨리 안 하면 학교 늦겠다" "빨리빨리 아침밥 먹어야지" 등등 마지막 아이까지 학교에 보내고 나면 그제야 어머니는 한숨을 돌릴 수 있습니다.

그러는 가운데 아이는 학교에 늦지 않는 것이 모두 엄마 덕분이라고 생각하게 되면서 점점 의지하려 듭니다. 그래서 간혹 지각을 하는 날은 부모와 자녀 간에 이러한 말다툼이 벌어지곤 합니다.

"엄마가 안 깨워서 오늘 지각했잖아. 왜 안 깨웠어?"

"깨워도 안 일어났잖아."

"아, 몰라. 그래도 일어날 때까지 깨웠어야지. 엄마 때문에 오늘 학교

가서 벌섰단 말이야."

"그렇게 밤에 일찍 자라고 했잖아. 왜 엄마한테 짜증이니."

대개의 아이들은 자기가 늦잠을 자서 지각했는데도 모든 책임을 엄마에게 돌려버리기 일쑤입니다. 이런 아이들은 어떻게 가르쳐야 할까요?

먼저 매일 아침 집안에 여유 있고 밝은 분위기가 감돌도록 합니다. 놀랍게도 부모가 간섭을 하지 않으면 아이는 금방 그것을 알아차리고 스스로 책임감을 갖게 됩니다.

다음은 어떤 어머니의 경험담입니다.

"아침마다 아이가 학교에 늦지 않도록 늘 잔소리를 해왔습니다. 그러던 중 어머니들의 모임에 다녀온 뒤 '아이도 이제 다 컸으니 잔소리를 할 것이 아니라 아이 스스로 알아서 하도록 해야겠다'는 생각을 하게 되었습니다. 아이와 어떤 특별한 이야기를 나눈 것도 아니고 무슨 별난 행동을 한 것도 아닙니다. 그저 아이에게 5분이나 10분마다 명랑한 음성으로 시간을 알려주었습니다. 아이는 아직 시계를 볼 줄 모르거든요. 그리고 며칠이 지나자 아이는 학교에 늦지 않도록 자기가 책임을 져야 한다는 것을 깨달은 것 같았습니다. 물론 처음에는 지각을 한 적도 있었습니다. 그러나 몇 주가 지나자 혼자서 늦지 않게 시간을 맞출 줄 알게 되었습니다."

"우리집 아이들도 아침에 일어나면 장난치고 놀기에 바빠 옷 갈아입는 일 따위는 신경도 쓰지 않습니다. '어서 일어나라' '옷 갈아입어라' '얘야, 지각한다' 하고 계속 말해야 했지요. 잔소리하기는 싫었지만 어쨌든 결과적으로는 그렇게 되고 말았습니다. 그러다 마침내는 결심을 했지요. 시간에 맞춰 학교에 가는 것은 아이들의 일이라고요. 그다음부터는 거의 잔소리를 안 하게 됐습니다. 하지만 아이들은 여전히 아침마다 놀기에 정신이 팔려 있었습니다. 아무렇지도 않은 듯 옆에서 지켜봤지요. 그러자 놀랍게도 아이들이 시계를 보기 시작하는 겁니다. 그러고는 늦었다는 걸 깨닫고 맹렬한 기세로 학교 갈 준비를 하는 것이었습니다. 내심 아이들이 학교에 지각해서 게으름을 피운 대가가 어떻다는 것을 깨닫기를 기대했지만 우리 아이들은 절대로 지각을 하지 않았습니다."

학교에 가져갈 물건을 미리 챙겨 두는 것은 좋은 습관입니다. 자기 전에 다음 날 입을 옷을 정리하고 시간표에 맞춰 가방을 챙기고 준비물을 점검해 두면, 바쁜 아침 시간에 해야 할 일이 줄어들게 됩니다. 특히 항상 돌봐야 하는 갓난아이가 있는 가정이라면 이럴 때 크게 힘을 덜 수 있습니다. 학교에 갈 아이들이 여유 있게 일찍 일어난다면 그보다 나은 일이 없겠지요.

또 아이가 지각할 것 같더라도 부모는 아무것도 해주지 말아야 합니다. 지각을 해서 선생님께 야단을 맞으면 아이 스스로 생각을 하게 됩니다. 선생님에게 지각한 이유를 적어 보내는 일도 하지 않는 것이 좋습니다. 아이는 지각이 부모 탓이 아니며, 자신이 게으름을 피웠기 때문이라는 것을 스스로 깨달아야 합니다. 그렇게 되면 자연히 다음부터는 좀 더 일찍 일어나려고 노력할 것입니다.

Part.
09

아이들은
싸우면서 자란다

질투는 애정을
확인하려는 심리다

아이들이 질투심을 갖지 않도록 하려면 지나치게 신경을 곤두세우지 않는 것이 중요합니다. 대범한 마음자세로 아이들을 대하면 일시적으로 질투심을 느꼈다가도 곧 풀어집니다.

'이제 나는 아무도 보살펴주지 않아.'

동생이 새로 태어난 집 아이의 질투심은 대개 이런 식으로 시작됩니다. 어린 동생이 가지고 노는 장난감을 빼앗는 것도 질투심의 한 유형이라고 볼 수 있습니다.

"너 왜 동생 딸랑이를 뺏고 그래?"

"이거 내 거란 말이야."

"다 큰 애가 무슨 딸랑이야. 그리고 동생한테 좀 양보하면 안 돼?"

처음에는 외동아이로서 부모의 관심을 독차지하고 있다가 갑자기 동

생이 태어나 자신의 지위를 빼앗겼다고 여겨 질투심을 느끼는 것입니다. 물론 모든 아이가 다 그런 것은 아닙니다.

아이가 어떤 질투를 하는지 감시하려고 눈을 반짝이기보다는 이것을 하나의 성장과정으로 여기기 바랍니다. 큰아이가 어리광을 부릴 때 안고 있던 아기를 서둘러 내려놓는 것은 오히려 좋지 않습니다. 큰아이의 버릇을 나쁘게 만들 뿐입니다.

주저하지 말고 원하는 만큼 아기를 귀여워해 주십시오. 갓난아이를 안아 주었으면 큰아이도 한번 안아 주어야 한다는 식으로 생각할 필요가 없습니다.

되도록 큰아이에게 아기를 보살피는 일을 거들게 하고, 뭔가 도움이 되었다면 칭찬해 주도록 합니다. 그렇게 되면 갓난아이에 대한 적극적인 자세가 몸에 익게 됩니다. 갓난아이가 무력하다는 점을 자연스럽게 깨달으면서 동생에 대한 보호의식이 싹트는 것입니다. 그렇게 되면 스스로 젖병이나 기저귀를 가져다주는 등 무엇이든 아기를 위하려는 마음이 생기기도 합니다. "아기를 안고 싶다"고 하면 무조건 위험하다고 막을 게 아니라요 위에서 안아 주도록 합니다.

다행히 갓난아이는 생후 몇 개월 동안 거의 잠만 자기 때문에 물질적인 보살핌 이외에는 크게 신경 쓰지 않아도 됩니다. 그러니 큰아이도 충분히 상대해 줄 수 있고 그러면서 갓난아이에게 부모의 보살핌이 필요하다는 점에 서서히 익숙해질 것입니다.

갓난아이를 위한 공간을 마련하기 위해 큰아이를 다른 침대로 옮겨야 한다면 아기 때문에 자신이 쫓겨난다고 생각하지 않도록 아기가 태어나기 몇 개월 전에 미리 옮기도록 하세요. 그리고 유치원에 들어갈 때에도 아기 때문이라고 생각하지 않도록 미리 다니게 하는 배려가 필요합니다.

아기에게 젖을 먹이고 있는 동안 큰아이가 혼자 놀 수 있도록 장난감이나 그림책을 주면 방해하러 오지 않을 것입니다. 어떤 어머니는 이런 경우 어린 자녀들 모두에게 책을 읽어준다고 합니다. 갓난아이에게 젖을 주기 전에 다른 아이들에게 "장난감과 책을 준비하렴. 자, 모두 모였니?" 하고 이야기를 한답니다. 다른 형제가 있을 경우 가장 큰아이에게 작은아이를 보살피도록 도움을 청합니다. 그렇게 하면 어머니는 갓난아이와 둘만의 시간을 오붓하게 보낼 수 있습니다.

아이들은 갓난아이가 태어나면 일시적으로 젖병이나 기저귀를 자기도 쓰려고 하고, 아기처럼 행동하는 등 이른바 '퇴행성 심리'를 보이는 경우가 종종 있습니다. 어느 정도는 아이의 투정을 받아주십시오. 동시에 큰아이로서 누릴 수 있는 장점을 강조해 주십시오. 그렇게 하면 우유가 조금씩 나오는 젖병을 내려놓고 곧 냉장고로 달려갈 것입니다.

때로는 아기를 이상하게 안아서 울리는 등의 행동으로 질투심을 표현하기도 합니다. 그럴 땐 "넌 아기보다 키도 크고 힘도 세지? 그런데 너무 꽉 안으니까 아기가 아파서 운단다. 자, 어떻게 안아야 하는지 잘 봐" 하고 어머니가 모범을 보인 뒤에 "이제 살짝 안아 보렴" 하고 시켜봅니다.

갓난아이에게 난폭한 행동을 하는 것을 목격했을 때도 마찬가지로 "아기는 약하니까 부드럽게 대해야 한단다. 함부로 하면 아기가 다치지"라고 말하면서 아이의 손을 잡고 갓난아이의 얼굴과 손을 살그머니 쓰다듬어 봅니다. "봐라, 아기가 좋아하지? 이제 네가 한번 해 보렴" 하고 아이에게 주문한 뒤 그대로 잘 따라하면 안고 칭찬해 줍니다.

물론 폭력을 그대로 묵과해선 안 됩니다. 얼른 아이를 데리고 나와 조용한 말씨로 "아기를 괴롭히려면 다른 방에 가 있으렴" 하고 분명하게 말해 둡니다. 그리고 잠시 아이를 동생과 떨어뜨려 놓습니다. 그러나 아이에게 수치심을 느끼게 해서 갓난아이에게 적의를 품도록 하는 것은 피해야 합니다.

아이의 자존심을 존중하라

 터울이 적은 형제 가운데 특정한 한 아이만 귀여워하면 나머지 아이는 곧 마음의 상처를 입게 됩니다. 『탈무드』에도 야곱이 요셉을 맹목적으로 사랑한 나머지 비참한 결과를 초래했던 예를 들고 있습니다.

"여러 아이들 중에서 한 아이만 특별히 대접해서는 안 된다. 야곱은 다른 아이들보다 요셉에게 모직물을 더 주었기 때문에 다른 아이들이 그를 시기하게 되었으며, 그 결과 우리들의 조상이 이집트로 보내진 것이다."

아이들이 경쟁심을 갖고 있다 해도 부모가 그들을 비교하지 않는다면 서로 시기하는 마음을 갖지 않습니다.

"넌 어째서 형처럼 못하는 게냐?"라는 식의 이야기는 금물입니다. 또한 다른 형제들 앞에서 한 아이만을 좋게 말하거나 특별히 칭찬하는 일은 반드시 피해야 합니다. 자신보다 머리가 좋고 재능 있는 형제에게 질투를 느끼는 아이의 기분을 헤아리지 못하고 "머리가 안 좋아서 그런 거니까 신경 쓰지 마라. 대신 넌 운동을 잘하잖니"라고 말하기보다는 "언니처럼 너도 좋은 점수를 받았으면 좋겠지?" 하고 이해를 표하는 쪽이 바람직합니다.

어느 정도 성장한 아이라면 "질투는 좋지 않다"고 가르치도록 합니다. 질투는 양날의 칼이며 타인에게 향해 있는 것처럼 보이지만, 그 칼날에 다른 누구보다 깊은 상처를 입는 것은 본인이기 때문입니다.

자기보다 나이가 많은 형제들이 늦게까지 잠을 안 자도 되는 것을 부러워하는 어린 동생에게는 "부럽겠지만 넌 이제 잘 시간이야" 하는 식으로 아이의 입장이 돼서 이야기해 주면 대부분 크게 불평하지 않고 납득하게 됩니다.

동시에 모든 아이들을 완전히 평등하게 대우하는 일은 아무리 신경을 쓴다 해도 불가능하며 그것이 반드시 좋은 결과를 낳는다고 볼 수 없다는 점에 유의하십시오. 부모도 인간인 이상 특별히 어느 한 자녀만을 편애할 수도 있습니다.

큰아이에게만 새 옷을 사주면 작은아이가 "엄마, 왜 언니 것만 사주는 거야? 나도 새 옷 입고 싶단 말이야" 하고 불평할 수 있습니다.

이럴 때는 아이를 납득시켜야겠다는 충동을 잠시 누르고 그 입장이 되어 생각해 봅니다. "언니는 얼마 후에 발표회가 있잖아"라고 말하기보다는 샘을 내고 있는 동생의 입장이 되어 "너도 새것이 갖고 싶겠지만 조금만 참아. 아직은 입을 만한 옷이 많잖아"라고 설득해 보세요. 아이는 놀랍게도 그 말을 이해하고 언짢은 기분을 풀게 됩니다. 때로는 "그랬니?" 하고 살며시 웃어 주는 것만으로도 충분할 것입니다.

절대로 해서는 안 되는 것은 형제간에 차별대우를 느끼게 하는 말입니다. "넌 어째서 형이랑 똑같이 하려는 거니!" 하는 말을 듣는다면 아이는 점점 더 질투심을 키워갈 뿐입니다. 또한 아이들에게 보상심리를 불러일으키는 행동도 삼가는 게 좋습니다. 예를 들어 언니에게 새 옷을 사줬으니까 동생에게는 새 필통을 사주겠다는 약속은 좋은 생각이라고 할 수 없습니다.

아이들은 "너무해요!"라는 한마디면 자신이 원하는 것이 손에 들어온다고 생각하고 있습니다. 아이들에게 휘둘려서 "그건 너무한 게 아니라……"는 식으로 변명할 필요는 없습니다.

부모가 아이들을 평등하게 대하고 있다는 점을 나타내려고 굳이 노력할 필요는 없으며, 아이가 그렇게 말한다고 해서 화를 내는 것도 바람직하지 않습니다.

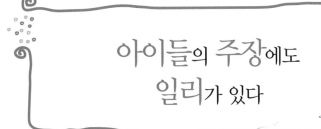

아이들의 주장에도
일리가 있다

아이들의 호소가 항상 잘못된 것이라고 볼 수는 없습니다. 비록 어린 소견일지라도 그것이 옳다고 생각되면 상황을 개선해 나가도록 최선을 다해야 합니다. 특히 그러한 경우, 부모로서 자신의 잘못을 변명하는 것으로 대처해서는 안 됩니다.

어머니가 오빠는 학원에 보내주면서 여동생은 학원에 보내주지 않았다고 합시다. 내심 섭섭했던 동생은 어머니에게 "왜 오빠만 학원에 보내주는 거예요? 저도 학원에 가고 싶단 말이에요"라고 솔직하게 말합니다.

이때 어머니는 아이의 말이 옳든 그르든 "엄마는 너희들을 평등하게 대하려고 애쓰고 있단다"라고 부드럽게 말하는 데서 그치는 것이 좋습니다.

이럴 때도 "어째서 그렇게 질투를 하는 거지?" 하고 비판적인 말투로 이야기하면 아이의 질투심은 오히려 커질 뿐입니다. "괜히 질투할 것 없단다. 너희들 모두 똑같이 사랑하고 있으니까" 하고 안심시키는 이야기도 그다지 효과가 없습니다.

아이의 이야기에 귀를 기울이고 먼저 아이의 기분에 대해 이야기하는 것이 좋습니다. "엄마가 너보다 오빠를 더 위한다고 생각하는구나. 하지만 엄마한테는 너희들 한 사람 한 사람 모두가 소중하단다."

아이들 모두를 완전히 평등하게 대하는 것이 불가능한 것처럼, 전부 똑같이 사랑하는 일도 사실상 불가능합니다. 인정하기 어렵겠지만 같은 배 속에서 나온 자식이라도 귀여운 아이와 그렇지 않은 아이가 있을 수 있습니다. 부모의 말을 잘 듣거나 사람을 잘 따르는 외향적인 성격을 가진 아이 쪽이 아무래도 귀여운 생각이 들게 마련입니다. 특별히 속을 썩이는 아이에게 애정을 품기가 힘들더라도 그러한 감정을 죄악시하지는 않도록 합니다. 그러기보다는 그러한 아이를 진정으로 사랑할 수 있는 것이 자기 한계를 극복하는 일이라고 생각하기 바랍니다.

아이들이 싸울 때
섣불리 간섭하지 마라

아이들이 싸우는 것을 좋아할 부모는 없습니다. 하지만 아이들이 커가면서 서로 다투는 것은 피할 수 없는 일입니다. 대개는 경쟁심이나 질투심 혹은 누가 어떤 것을 더 많이 갖고 또 누가 심부름을 해야 하느냐 등의 문제로 서로 다투게 됩니다.

아이들끼리의 싸움은 지극히 단순한 동기에서 벌어집니다. 다른 아이가 싫어하는 일이나 말을 하면 상대방 아이가 거기에 응수하고, 또다시 반격을 가함으로써 싸움이 되는 것입니다.

아이들의 싸움을 대하는 부모의 태도는 각양각색입니다. 아이들 싸움에 부모가 끼어들어 사태를 수습하는 경우도 있습니다. 아이들 말만 듣고 누가 잘하고 잘못했는지를 결정하는 것입니다. 잘못을 저지른 아이는 야단을 듣거나 벌을 받습니다. 그렇게 됐을 경우 어떤 결과가 발생할까요?

"하하, 그것 잘됐다. 봐, 엄마도 널 나쁘다고 했지."

만약 한 아이가 이렇게 말한다면 잘못했다는 말을 들은 아이는 자신과 싸웠던 형제와 어머니에게 화를 낼 것입니다. 그것은 또 하나의 불씨를 만든 것이나 다름없습니다. 그렇게 되면 아이들은 싸움이 나기만 하면 부모를 끌어들이고, 서로 자기편이 되어줄 것을 바라게 됩니다.

"네가 형이니까 참아야지"라든가 "서로 싸우지 말고 사이좋게 지내야 한다"는 등 부모가 설교를 해도 효과는 별로 없습니다. 상대에게 화가 난 상태이므로 들으려 하지 않기 때문입니다.

또 한 가지는 평소에는 그다지 효과가 없었던 어머니의 권위를 이용하려는 아이들의 심리입니다. 싸우던 아이 중 하나가 어머니에게 달려왔다고 가정해 봅시다.

"엄마, 형이 장난감 자동차를 혼자서만 가지고 놀아요."

"형한테 빌려 달라고 말하렴."

"엄마, 동생이 자꾸만 머리를 잡아당겨요."

"그러면 못쓴다고 말해."

부모가 끼어들어 잘못한 아이만 야단치는 경우도 있습니다.

초등학생인 누나가 어머니에게 달려와서는 동생이 자기 공책에 낙서했다고 말하면, 어머니는 동생에게 "누나 공책에 낙서하면 안 돼. 알았니!"라고 야단칠 것입니다.

이러한 방법의 문제점은 한쪽이 다른 한쪽을 정말 괴롭히고 있더라도 그 '피해자' 쪽이 맨 처음 무슨 일을 했기에 상대편에서 그렇게 나왔는지 또한 자신은 잘못한 게 없다고 우쭐대며 상대가 야단맞는 것을 보고 기뻐하고 있는지 어떤지 부모로서는 잘 모를 수 있다는 것입니다.

이런 경우 아이들은 서로 때리고 맞고 하면서 잘한 것도 없는 싸움을 하는 중일 수 있습니다. 앞의 경우라면 동생이 그 전날 언니에게 부당한 일을 당하고 보복을 한 것인지도 모릅니다.

그리고 부모는 피해를 입은 아이에 대해 언제나 상냥하게 대처한다고 볼 수 없습니다. 형의 잘못을 호소하러 온 아이에게 "아무 이유도 없는데 널 때리진 않았겠지. 형에게 무슨 짓을 했니?"라고 되묻는다면 아이는 다시 형에 대한 미움을 품고 싸우러 갈 수도 있습니다.

싸움의 중재를 부모가 하는 경우도 있습니다. 상대가 자기를 다치게 하려고 심술을 부린 것이 아니라는 점을 부모가 설득하려 해도 맞은 아이는 그 말이 납득되지 않아서 불쾌한 입씨름으로 발전하기도 합니다. 한창 싸움이 벌어졌을 때는 중재를 하려고 해도 잘 되지 않습니다.

"형이 때렸어" "아니야. 쟤가 먼저 시작한 거야"라든가 "형이 장난감을 빼앗았단 말이야" "엄마, 쟤가 먼저 날 방해했어"라는 식으로 아이들이 끝도 없이 서로 자기가 잘했다고 주장하는 일이 비일비재합니다.

"너희 정말 이렇게 계속 싸울 거야? 더는 못 참겠어. 당장 그만둬. 알겠니!"라든가 "어느 쪽에서 먼저 시작했든 그게 무슨 상관이야. 둘 다 모두 나빠!" 하고 소리를 지르거나 하여 두 사람 모두 야단을 치게 됩니다. 화를 내거나 참견을 함으로써 상황이 일시적으로 조용해질지는 모르지만 그러한 방법으로는 아이들에게 싸움을 원만하게 해결하는 기술을 가르치는 것은 무리입니다.

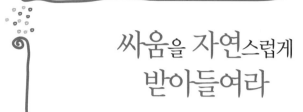

싸움을 자연스럽게 받아들여라

원만히 문제를 풀어나가고 싶다면 우선 "화를 내거나 흥분하지 않겠다"고 마음을 굳게 다집니다. 얼마 동안은 싸움이 그칠 사이가 없다는 사실을 받아들이기 바랍니다. 유감스럽지만 그것이 현실입니다. 유쾌한 일은 아니지만 그렇게 '견딜 수 없는' 일이거나 '끔찍한' 일도 아닙니다.

비록 일일이 간섭하지 않더라도 "어째서 저 아이는 누나를 그렇게 못살게 굴까" "어째서 쟤는 동생에게 장난감을 못 가지고 놀게 하는 거지"라는 식으로 아이를 책망하거나 비난하는 것은 삼가는 것이 좋습니다. '아이들을 서로 사이좋게 지내게 하려면 어떻게 해야 좋은가' 하는 관점에서 생각합니다. 그러기 위해서 먼저 부모는 모든 것을 비판적으로 보지 않겠다는 마음가짐과 객관적인 태도를 유지해야 합니다. 그리고 '저렇게 싸움질을 하다니 도대체 나의 어디가 잘못된 걸까'라는 식으로 아이들의 싸움을 자신 탓으로 돌려서도 안 됩니다. 완벽한 부모 밑에서 자라는 아이들도 싸우면서 크는 법입니다. 이 세상에 싸우지 않고 크는 아이들은 없습니다. 부모로서의 책임감이나 의무감 때문에 아이들의 싸움을 어떻게 해 보겠다는 생각은 하지 않는 편이 바람직합니다. 물론 부모가 나서지 않으면 늘 한쪽 편의 아이만 피해를 당하는 경우도 있겠지만, 현실적으로 부모가 항상 아이들을 감시하고 있을 수도 없는 일입니다.

큰아이가 작은아이에게 함부로 말을 하거나 머리카락을 잡아당기는 것을 보더라도 자제가 필요합니다. 아이들이 항상 친절한 사람들하고만 생활할 수 없습니다. 저희들끼리 싸울 때 부모가 섣불리 중재에 나서지 말아야 하는 것도 바로 그런 이유입니다. 조금은 어려움을 겪는 데 익숙해지게 함으로써 그것을 견딜 수 있도록 단련시켜 나가는 것입니다.

아이들이 싸우는 소리가 나더라도 무슨 일인지 보러 가고 싶은 마음을 누르고 냉정을 유지하며 자신의 일을 계속합니다. 아이가 소리를 지르는 것은 부모의 주의를 끌기 위한 경우가 많습니다. 자기편을 들어 달라고 어머니에게 호소하고 있는 것입니다. 만일 아이가 "엄마, 형 좀 봐요. 매일 나만 못살게 굴어요"라는 말을 하러 달려오거나 "언니가 나보고 돼지래. 그리고 다른 애들한테도 나랑 놀지 말라고 했단 말이야" 하고 울면서 집에 들어온다면 "가엾어라. 싸움을 했구나. 어떻게 하면 화해할 수 있을지 생각해 보렴" 하는 정도로 부드럽게 말해 줍니다.

갑자기 부모가 아이들의 싸움에 대해 무관심해졌다고 여기게 해서도 곤란합니다. 아이들에게 "엄마는 상관없는 일이야. 너희들끼리 해결해라" 하고 너무 냉정하게 자르는 것은 피하도록 합니다.

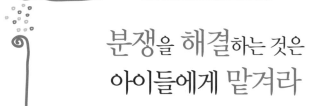

분쟁을 해결하는 것은 아이들에게 맡겨라

다음은 흔히 볼 수 있는 아이들의 싸움을 대하는 두 어머니의 고백입니다.

"어느 날 나는 침대에 누운 채 여섯 살 된 작은아이와 일곱 살 된 큰아이가 게임기를 갖고 싸우는 소리를 듣고 있었지요. 큰아이가 작은애에게 "너 죽을래?"라며 심한 말을 했습니다. 나는 속으로 '큰 녀석이 나빠. 동생과 사이좋게 놀라고 말해야겠군' 하고 생각했지만 옆에서 아기가 곤히 자고 있었기 때문에 일단은 모른 척해 버렸습니다. 그런데 싸우는 소리가 점점 커지더니 결국에는 큰아이가 작은아이를 때려서 울리더군요. 나는 화가 많이 나서 당장 달려가려다 잠시 참고 있었습니다. 기다린 보람이 있더군요. 작은애가 우는 걸 보고 큰아이가 잘못했다는 생각이 들었는지 게임기를 동생에게 주는 것이었습니다."

"다섯 살짜리 딸이 크레파스로 그림을 그리고 있었지요. 그런데 옆에 있는 남동생에게 자기 크레파스를 건드리면 얼굴과 손에 크레파스를 칠하겠다고 위협하더군요. 동생이 그 말을 듣고도 크레파스를 집으려 하자 정말로 팔에 크레파스를 칠했습니다. 그랬더니 작은아이가 내게 달려와 도움을 청하더군요. 내가 거들어 주지 않자 작은아이는 스스로 팔을 씻었습니다."

이처럼 부모가 관여하지 않으면 싸움이 빨리 끝납니다. 아이들의 싸움이 무한정 계속된다는 생각이 들면, 하루에 싸움을 몇 번 하고 그 시간이 어느 정도인지 살펴보십시오. 실제로 계산해 보면 생각했던 것보다 훨씬 짧은 것에 놀라게 될 것입니다. 두 딸이 항상 쓸데없는 일로 다투고 있다고 여기던 어느 어머니가 실제로 기록을 해 보았더니 하루에 5회, 시간은 각기 2분도 걸리지 않는 가벼운 입씨름이었음을 알고 놀랐다고 합니다. 싸움의 정도를 보다 정확히 알면 참기 쉬워질 것입니다.

싸움을 말리는 것이 습관이 되었다면 그것을 당장 그만두기도 쉽지 않을 것입니다. 때로는 짜증도 나고 항상 조용히 있지 못하는 아이를 무심코 보아 넘기기도 고역일 것입니다. 그러니 자기도 모르게 싸움에 끼어들었다 하더라도 너무 실망할 필요는 없습니다.

싸움에 끼어들어야 할
시점을 파악하라

아이들의 싸움은 저희들끼리 해결하도록 하는 것이 바람직하다고 이야기했습니다만 반드시 그래야 하는 것은 아닙니다. 음식을 가지고 다투던 끝에 형이 동생의 얼굴을 때렸다면 "그렇게 발로 차면 엄마는 싫을 것 같은데"라고 말하면서 조용히 떼어 놓는 것이 바람직합니다.

또한 아이들이 서로 상처를 주는 말을 한다면 엄하게 타일러야 합니다. 가령 초등학교 5학년인 큰아이가 2학년인 작은아이에게 수학 문제를 가르쳐주던 중에 말다툼이 벌어졌다고 합시다.

"이 닭대가리야, 이것도 몰라?"

"뭐라고? 자기는 뚱뚱보 돼지면서."

감정이 격해진 아이들은 심한 말을 내뱉으며 서로 상처를 줍니다. 이때 어머니는 그냥 넘어갈 것이 아니라 "욕을 하면 안 돼. 상대방의 기분을 상

하게 하잖니" 하고 엄하게 타이르도록 합니다. 말다툼을 해결해 달라고
오는 경우에는 "듣기 좋게 얘기해 봤니?" 하고 아이에게 암시를 주든지
"너라면 어떻게 말하는 게 기분 좋을까?" 하고 아이 스스로 생각하도록 하
는 것이 바람직합니다.

　장난감을 함께 사용하다가 싸운다면 서로 평등하게 가지고 놀 수 있도
록 지도해 주는 것도 하나의 방법입니다. 예를 들어 장난감은 하나뿐인데
동생이 "언니가 나는 못 가지고 놀게 해" 하고 불평을 한다면 "너희들 모
두 몇 시간씩 가지고 놀면 좋겠니?" 하고 물어보고 "각각 사용 시간표를
정해 볼까?" 하고 조언할 수도 있습니다.

　눈앞에서 싸우고 있는 아이들을 못 본 척하는 것은 쉬운 일이 아닙니
다. 이런 경우 방에서 나가게 하는 것도 괜찮지만 싸움을 그만두든지 아
니면 방에서 나가든지 아이들 스스로 판단하도록 하는 것도 좋겠지요.

그런데 부모가 보는 앞에서 폭력을 휘두르고 싸운다면 잠자코 있어서는 안 됩니다. 또한 큰아이가 갓난아이에게 폭력을 휘두를 때에도 부모가 나서서 아이를 지켜 주는 것이 상식입니다. 이제 아장아장 걷거나 아직 말귀를 못 알아듣는 아이라면 야단을 칠 것이 아니라 "아기를 다치게 하면 큰일나지" 하고 조용히 그 아이를 다른 방으로 데리고 가도록 합니다. "너도 화가 나서 그랬겠지만 동생을 때리는 건 나쁜 일이야" 하고 아이의 입장에 대한 이해를 표하는 동시에, 해서 좋은 일과 나쁜 일을 가르칠 수도 있습니다.

"나를 화나게 했단 말이야" 하고 불평을 하는 아이에게는 "다음에 또 동생이 널 화나게 하면 때리지 말고 엄마에게 오렴" 하고 말해 줄 수도 있습니다.

남을 무는 아이에게도 "또 물면 입에 테이프를 붙일 거야"라고 말해 두는 것도 하나의 방법입니다. 그래도 물었을 때에는 정말로 작은 반창고 한두 개를 붙여 줍니다. 할퀴는 아이에게는 "그러지 못하게 손톱을 짧게 깎아야겠다" 하고 말하면서 조금 아플 정도로 손톱을 잘라줍니다. 울거나 발버둥을 치면 "아프게 해서 미안해. 하지만 너도 그러면 안 돼" 하고 말해 주십시오.

아이들은 또래 친구와 자주 싸움을 합니다. 이럴 땐 특히 부모로서 냉정한 태도를 취할 수 있어야 합니다. 싸움의 원인이 어디에 있든 자신의 아이를 감싸고 상대방 아이를 비난하는 것은 절대 금물입니다. 상대 아이의 부모와 싸움에 대해 이야기하는 것도 되도록 피하십시오. 자칫하면 아이들 싸움이 어른들의 감정싸움으로 비화될 수 있기 때문입니다.

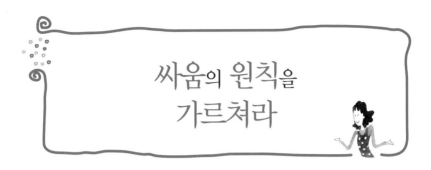

싸움의 원칙을
가르쳐라

어린아이가 누구를 때리더라도 심각하게 생각할 필요는 없습니다. 대개는 장난감을 둘러싸고 티격태격하다가 주먹이 오가는 정도입니다. 그렇지만 어린아이라도 때려서 남을 다치게 하거나 상대가 싫어하는 말을 해서 정신적으로 상처를 입히면 안 된다는 점을 가르쳐 주어야 합니다.

세 살 정도 되면 자신의 물건을 남에게 빌려 주는 것은 참 좋은 일이라는 것을 알려 주고, 차츰 서로 나누는 것에 대해 가르칩니다. 아이가 자진해서 그렇게 했다면 "새 장난감을 빌려줬니? 참 착하구나" 하고 칭찬해 주도록 합니다.

장난감을 혼자 독차지하려고 들면 "차례로 가지고 노니? 동생도 가지고 놀고 싶을 거야" 하고 상냥하게 이야기해 줍니다. 다른 아이가 장난감을 함께 가지고 놀지 않는다고 불평을 하면 "형도 잠시 갖고 놀고 싶을 거야, 빌려 줄 때까지 기다리겠니" 하고 말해 주십시오.

다섯 살 정도 돼서 부모의 이야기에 귀를 기울일 줄 알면 싸움에 대해서 이야기를 나누어 보는 것도 바람직합니다. 싸움을 평화적으로 해결하는 방법을 가르칠 뿐 아니라 때로는 싸우더라도 꼭 지켜야 할 사항을 상기시켜 주십시오.

아래는 싸움의 원칙을 요약한 것입니다.

때려서는 안 된다

남을 때려서는 안 되지만 누군가가 자신을 때리려고 손을 든다든지 실제로 때린다면 자기를 지키기 위해 싸울 줄도 알아야 합니다. 단 보복을 위한 폭력은 금해야겠지요. 아이가 어째서 부모는 자식을 때려도 좋은지 물어올지도 모릅니다. 아이의 행동을 바로잡기 위해 부모가 때리는 것은 옳은 일임을 설명해 주십시오.

말이나 행동으로 남에게 상처를 주어서는 안 된다

남을 괴롭히는 일은 어떤 것이든 해서는 안 된다고 가르치십시오. 남을 업신여기거나 모욕해서는 안 되고, 상대가 그런 것을 마음에 두지 않는다 해도 함부로 대하는 것은 옳지 않다고 알려 주십시오. 비판적인 말이나 가혹한 말도 해서는 안 되고, 남을 경멸하고 괴롭히며 불쾌하게 만들어서는 안 된다는 점을 상기시켜 주십시오.

은철이 반에 뚱뚱한 친구가 한 명 있습니다. 하루는 은철이가 집에 오자마자 엄마를 붙들고 학교에서 있었던 일을 이야기합니다.

"엄마, 오늘 우리 반 킹콩이 교복 치마 입고 쫄딱 미끄러진 거 있지? 얼마나 웃기던지."

"킹콩?"

"응, 덩치가 킹콩만 한 여자애가 있거든. 그 애 별명이야."

이때 어머니는 "만일 네가 친구들에게 킹콩이라고 불리면 기분이 어떻겠니?" 하고 상대의 입장에서 생각하도록 묻는 것이 효과적입니다. 언제나 상냥하고 부드럽게 말하도록 가르치는 것도 잊지 마십시오.

고자질을 해서는 안 된다

형제자매나 친구가 나쁜 짓을 했다고 부모에게 말하는 것은 그 일을 올바르게 풀어나가려고 할 때만 허용될 수 있습니다. 그렇지 않다면 고자질이나 중상을 하는 것에 불과합니다.

아이가 "엄마, 형이 내 장난감을 빼앗아 갔어"라며 남의 잘못을 전하러 왔을 때 그대로 다 받아들이는 것도 곤란합니다. 아이에게 그 자리에서 일일이 설명하기가 어려우면 "알려줘서 고맙다. 먼저 형과 이야기를 좀 해 보자" 하고 대답해 주십시오. 그리고 나중에 기회를 봐서 아이가 한 말을 어째서 그대로 받아들이지 않았는지 설명해 주는 것이 좋습니다.

원한을 품거나 보복을 해서는 안 된다

상대가 자신에게 나쁜 일을 저질렀거나 모욕했더라도 보복을 하거나 그것에 대해 원한을 품어서는 안 된다는 것을 가르치십시오.

성서의 『창세기』에 요셉의 이야기가 있습니다. 자신을 죽이려 했고 결국에는 노예로 팔았던 형들을 요셉이 어떻게 대접했는가 하는 것은 유명한 이야기입니다. 그 이야기 속에는 '진정으로 용서하는 일'이 어떤 것인지 잘 묘사되어 있습니다.

기근이 들었을 때 그 형들은 가나안 땅에서 식량을 찾아 이집트까지 건너가야 했습니다. 요셉은 당시 이집트에서 왕위를 잇는 제2의 권력자가 되어 있었습니다. 형들은 요셉을 알아보지 못했지만 요셉은 형들을 금방 알아보았습니다. 이때 요셉은 겉으로 형들을 거칠게 대접했는데, 바로 죄를 회개할 수 있는 기회를 주기 위한 것이었습니다. 그러나 마음속으로 요셉은 형들을 가엾게 생각했습니다. 결국 자신이 동생임이 밝혀졌을 때에는 형들을 진심으로 위로했으며, 그들이 과거에 자신에게 했던 일로 인해 부끄러움을 느끼지 않도록 온갖 배려를 아끼지 않았습니다.

관용을 베풀어라

다른 사람의 행동에 대해 관대하게 생각할 것, 항상 좋은 점만 볼 것을 가르치는 것입니다.

"남을 사랑한다는 것은 그 사람이 무슨 일을 해도 언제나 좋은 쪽으로 받아들이는 것인데, 때로는 그 일이 매우 어렵단다. 만일 그 사람으로 인해 자신이 몹시 곤란한 경우를 당하면 그를 나쁜 사람이라고 여기고 화를 내게 되지. 하지만 그에게 그럴 만한 사정이 있었기 때문이라고 이해하면 너그럽게 넘길 수 있단다."

비록 어린아이일지라도 이 말을 제대로 이해하면 올바른 사고방식을 익혀 나가기 시작할 것입니다.

침묵할 때와 충고할 때를 구별하라

누군가에게 괴로운 일을 당했더라도 그 사람을 미워해서는 안 된다는 것을 가르칩니다. 그럴 때는 자신이 어떤 심정인지 되도록 부드럽고 상냥한 말씨로 상대에게 전달하도록 충고합니다. 목청을 높여봤자 상대를 화나게 할 뿐이며, 그렇게 되면 자신도 해서는 안 되는 일을 하게 되는 것임을 알려 줍니다.

남이 나쁜 일을 하더라도 그 일로 상대를 판단하지 말고 지적해 주는 데서 그치고, 상대가 화를 내고 있을 때에는 잠시 침묵하는 것도 좋은 방법이라고 말합니다. 상대가 진정되기를 기다렸다가 그에게도 변명의 여지를 허락하는 것이지요. 만약 그가 진심으로 반성하고 있다면 용서해 주라고 이야기합니다.

"상대가 진심으로 받아들이지 않는 일을 말해서는 안 된다"는 계율이 있습니다. 상대방이 들어줄 것 같지 않은 충고는 하지 않는 편이 낫다는 것을 가르쳐 주십시오.

용서를 청하라

상처를 준 상대에게 먼저 용서를 청하는 것은 진심으로 반성하고 있다는 사실을 증명하는 것이라고 가르쳐 주십시오. 가령 아이가 친구와 싸우고 토라져 있을 때는 어머니가 "상대도 기분이 언짢단다. 가서 네가 먼저 미안하다고 말하는 게 어떨까" 하고 약간의 암시를 주는 것만으로도 아이에게 이러한 태도를 길러줄 수 있습니다.

아이에게 관대함을
가르쳐라

 싸움의 주된 이유가 남이 한 일을 극단적으로 나쁜 쪽으로만 받아들이기 때문이라는 점을 아이에게 깨닫게 해주어야 합니다.

때로는 어떤 것이 정말 괴로운 일인지를 아이와 이야기해 본다면 보다 쉽게 이해시킬 수 있을 것입니다.

"쉽지는 않을 테지만 그럴 때도 참아야 한다고 생각하지 않니?" 하고 아이가 참을성을 기르도록 해줄 수도 있습니다.

친구와 다투고 나서 집으로 돌아온 아이가 흔히 상대 아이를 욕할 때가 있습니다.

공주는 집에 오자마자 씩씩대며 엄마를 찾습니다.

"엄마, 나 재용이 때문에 학교 못 가겠어."

"아니, 왜?"

"걔가 학교 홈페이지에 내가 우리 반 코찔찔이 상호를 좋아한다고 올려 놓았잖아. 부끄러워서 이제 학교에 어떻게 가. 재용이 걔 정말 재수없어."

이런 경우라면 상대 아이의 위험한 행동을 알리는 등의 목적이 없는 한 그러한 태도는 좋은 게 아니라고 타일러 주십시오. "친구에게 몹시 화가 난 모양이구나. 하지만 남의 욕을 해서는 안 된다."

공평하지 못한 상황으로 인해 싸움이 되는 경우도 더러 있습니다. 아이가 "너무해"라고 말할 때는 대부분 자기 마음에 들지 않는 상황이 벌어진 것이라고 생각하면 됩니다. 일단 동정을 표시하고, 다툼이 일어난 이유는 항상 공평해야 한다는 요구에서 생겨난 것임을 지적해 주십시오.

"너무해. 내가 공을 갖고 있었는데 그 애가 내 걸 빼앗아 갔어" 하고 불평을 한다면 우선 "가엾어라" 하고 대답합니다. 그러고선 부드럽게 "있잖니, 뭐든 꼭 공평해야 한다고 생각하지 않는다면 그렇게 화내지 않고 지나갈 수 있지 않겠니? 너무하다고 생각하니까 화가 나는 거야. 있는 그대로 받아들이는 편이 훨씬 나을 것 같은데" 하고 말해 보십시오.

큰아이의 경우 동생들이 무언가를 흉내 내거나 쓸데없는 것들을 물으러 오곤 해서 화를 낼 때가 있습니다. "너도 알겠지만 동생들이 아직 어리잖니. 귀찮아해선 안 되는 거야" 하고 말하기보다 "그만큼 널 믿고 존경하고 있다는 뜻이야. 너라면 뭐든지 다 안다고 생각하는 거지. 또 너처럼 되고 싶어서 네가 하는 건 뭐든지 다 따라하는 거란다. 그건 자랑스러운 일인 것 같은데…… 그렇게 생각하렴" 하고 살며시 말해 주십시오.

때로는 이전의 불쾌한 사건에 얽매여 현재를 헛되이 보내는 것이 얼마나 어리석은 일인지를 가르치는 것도 중요합니다.

"벌컥 화를 낼 때 어떤 기분이니? 그렇게 좋은 건 아닐 테지. 언제까지나 이전의 일만 생각하고 화를 내고 있으면 기분이 언짢지. 이제 그런 건 다 잊고 즐거운 기분을 갖도록 하는 거야."

아이들이 서로 싸우지 않도록 하기 위해선 양보하는 정신을 길러 주는 것이 필요합니다. 상대에게 양보할 때마다 사실은 나 자신이 큰 혜택을 받는 것이라는 사실을 알게 하십시오.

양보하기 위해 자신은 무엇인가를 포기해야 하지만 대신 다른 사람을 행복하게 하는 만큼 기분도 좋아지니까 그것으로 희생을 보상받는 것임을 알려주세요.

형제에게 서로 양보하는 정신을 길러 주기 위해 점수제도를 활용하는 부모도 있습니다. 아이가 어떤 양보를 할 때마다 부모에게 보고하고 점수를 받도록 합니다. 정해진 점수가 되면 아이에게 작은 상을 주도록 합니다.

싸움이 일어나는 것을 방지하기 위해 어떠한 형태로든 자신을 컨트롤했을 때 점수를 주는 것도 효과적인 방법입니다.

다음의 이야기는 그러한 사례입니다.

"세 아이가 한창 소란을 피우며 싸우는 것은 주로 저녁식사 때입니다. 이 시간이 하루 중 가장 힘든 때지요. 대부분 열 살 된 장남을 중심으로 싸움이 일어나길래 저는 아이와 단둘이 그 점을 이야기해 보았지만 별 효과가 없었습니다.

어느 날 저녁 가만히 지켜보고 있자니 주로 장남과 여섯 살 된 여동생이 자주 싸우는 사이라는 것을 알게 됐습니다. 예를 들어 장남은 차가운 물을 싫어하는데 여동생은 더운물을 싫어합니다. 장남이 찬물이 들어 있는 주전자에 더운물을 부으면 동생이 울고 불고 난리를 피웁니다. 그리고 조금 있다가는 여동생이 장남의 기분을 상하게 하는 말을 마구 늘어놓는 식입니다.

저는 한 가지 묘안을 떠올리고 다른 아이들이 잠든 사이에 장남을 불러서 말했습니다. '표를 만들어서 매일 저녁 네가 싫은 소리를 듣거나 물이 차가워도 동생과 싸우지 않으려고 노력하면 점수를 줄게.' 그리고 1점을 받을 때마다 할아버지한테 선물받은 카메라로 찍은 사진 한 장을 현상할 수 있는 돈을 주기로 했지요.

이 표에 관한 이야기는 우리 둘만 아는 비밀로 정했습니다.

장남은 이 제안이 마음에 들었던지 이튿날 저녁 당장 1점을 받았습니다. 그다음 날 저녁에는 이 제안을 잊어버렸지만 제가 잊은 것을 이야기해 주며 어떻게 하면 다투지 않을 수 있는지 구체적으로 가르쳐 주었습니다. 그리고 다음 날 저녁에 다시 1점을 받았지요. 10점 정도를 올렸을 때는 이미 점수에 관한 일을 잊어버리게 되었습니다. 한편 동생은 오빠에게 불평을 해봤자 소용이 없다는 것을 알고 싸움이 많이 줄어들게 됐습니다.

몇 주일 뒤 아이들 할아버지로부터 '손자가 새 카메라로 찍은 사진을 언제 보여주겠느냐'는 편지가 왔습니다. 그날 저녁 나는 장남에게 필름 한 통의 현상료를 주었습니다. 점수는 10점을 받았지만 저녁식사 때뿐만 아니라 다른 때도 싸우지 않으려고 노력했으니까 필름 한 통 값을 받을 만한 가치가 있다고 말해 주었습니다."

자기주장이 강한 아이보다 늘 순종하는 아이를 문제시하는 부모도 있습니다. 그러나 그런 아이가 무사태평한 성격에다 화를 잘 내지 않는다면 크게 문제 될 건 없습니다.

자기중심적인 아이가 당장은 득을 보겠지만 그다지 훌륭한 성격은 아닙니다. 그런 아이들을 둔 부모는 무엇이든 자기 마음대로 되지 않는다고 해서 언짢아하지 않도록 유도해 나가야 합니다. 동시에 욕구불만 전반에 대해 보다 잘 참을 수 있도록 도와주는 것이 필요합니다.

순종적인 아이도 화를 내며 부모에게 불평을 하러 오거나 보복을 가하고 싶어 하는 경우도 있습니다. 그럴 때는 아이와의 대화를 통해 함께 해결책을 생각하도록 합니다.

"양보한다는 건 훌륭한 일이야. 하지만 나중에 그 일을 언짢아하면 안돼. 상대의 기분에 맞춰 주는 것은 좋은 일이지만 항상 그럴 필요는 없단다. 남의 말대로 하기 전에 나중에 원망하지 않겠다고 먼저 마음을 정해야 해. 그렇지 못할 거라면 처음부터 하지 않는 편이 낫단다."

싸움을 막는 방법에 대해 아이와 토론하라

다른 사람에게 상처 입히는 말을 하지 않도록 가르치는 것도 중요하지만, 만일 자신이 그런 일을 당했더라도 "너무 심각하게 받아들일 필요는 없다"는 것을 이야기해 주십시오. 가령 조금만 무시를 당하거나 놀림을 당하면 금방 화를 내는 아이가 있습니다.

초등학교 1학년인 지민이는 학교에서 별명이 '오리'입니다. 엉덩이가 오리처럼 튀어나왔다고 해서 붙여진 별명입니다. 지민이는 친구들이 이 별명을 부를 때마다 창피하고 속상합니다. 하루는 지민이가 집에 와서 가방도 내려놓지 않고 부엌에 있는 어머니에게 달려와 말합니다.

"애들이 오늘 또 나보고 오리라고 했어. 그래서 싸웠어."

이때 아이에게 어떻게 얘기해 주면 좋을까요?

"지민아, 다른 사람이 너에게 '하하, 네 다리가 세 개네'라는 말을 하면 기분이 어떻겠니? 속상할까? 물론 그렇지 않겠지. 그 말을 곧이곧대로 받아들이지 않을 테니까 말이야. 마찬가지로 누군가에게 놀림을 당하더라도 네가 그 말을 심각하게 받아들이지 않으면 속상하거나 싸울 일도 없지 않을까?" 하고 아이가 알아듣도록 이야기해 주면 좋습니다.

쉽게 화를 내는 아이는 남에게 나쁘게 여겨지는 것을 과민하게 받아들이고 있는 것입니다. 그런 아이에게는 "네가 남을 나쁘게 말할 자격이 없는 것처럼 상대방도 널 나쁘게 말할 자격이 없으니까 너무 언짢게 생각지 마" 하고 달래 주십시오.

때로는 학교에서 자기 아이가 남의 아이를 때렸다는 이야기를 들을 때도 있을 것입니다. 다음의 예는 그러한 경우에 적절히 대처했던 어느 어머니의 이야기입니다.

여섯 살 난 소희는 영리하고 싹싹한 성격인데 별다른 이유도 없이 유치원에서 다른 아이를 때리곤 합니다. 집에서도 동생들을 때리곤 했는데 유치원에 다니면서도 버릇이 달라지지 않았던 겁니다. 선생님이 그 벌로 한 번은 구석에 세워 보기도 했는데 효과가 없었습니다.

하루는 엄마가 소희를 유치원에 데리러 갔더니 아이가 풀이 죽어 구석에 서 있었습니다. 돌아오는 길에 엄마는 소희와 이런 이야기를 나눴지요.

"소희야, 왜 구석에 서 있었니?"

"짝을 때려서."

"왜 때렸지? 그 아이가 너한테 뭐라고 했니? 뭘 뺏었어?"

"아니."

"자, 왜 때렸는지 말해 보렴."

"울게 만들려고."

"짝이 울면 기분이 좋니?"

"응."

"넌 네가 우는 게 좋으니?"

"아니."

"네 짝도 우는 건 싫어한단다."

이쯤에서 엄마는 본격적인 질문을 덧붙여 보았습니다.

"어째서 하느님이 우리에게 손을 만들어 주셨을까? 남을 때리라고?"

딸은 "아니야"라고 대답했습니다. 그래서 다시 물었지요.

"그럼 왜 만들어 주신 것 같니?"

"그림도 그리고 종이도 오리라고."

"엄마가 뭔가를 떨어뜨리면 주워 주기도 하고?"라고 묻자 소희가 고개를 끄덕였습니다.

"그럼 앞으로 네 손이 다른 사람을 때리려 하면 네가 말해 주렴. '때리지마. 때리는 것 말고 다른 일을 해야'라고."

다음 날 아침, 전날 이야기한 것을 엄마는 소희에게 다시 확인시켜 두었지요.

그리고 오후에 엄마가 소희를 데리러 유치원에 갔더니 그날은 아무도 때리지 않았다고 선생님이 말씀하셨습니다. 엄마는 소희가 남을 때리는 버릇을 고치기 위해 어떻게 했는지 선생님에게 이야기하고, 구석에 벌을 세우는 대신 같은 방법을 한번 써볼 것을 권했습니다.

그리고 며칠 지나지 않아 선생님은 소희가 남을 때리는 버릇이 완전히 없어졌다고 할 수 있을 만큼 좋아졌다고 소희 엄마에게 귀띔해 주었습니다.

부모의 자존심보다
아이를 먼저 생각하라

선생님에 대한 부정적인 말은 피하라

 부모가 가정교육을 바르게 시키고 있는지 어떤지는 당연히 아이들의 태도에서 나타납니다. 그러므로 아이가 학교에서 태도가 나쁘다는 말을 들으면 부모는 자신의 가정교육이 잘못되었다고 생각하게 됩니다. 또한 남들로부터 비난받을 것까지 생각하면 더욱 괴롭습니다.

그러한 일에 맞닥뜨린 부모의 태도도 여러 가지입니다. 부모 망신을 시켰다면서 벌컥 화를 내며 아이에게 벌을 주는 부모가 있는가 하면, 학교 교육이 잘못됐다면서 선생님에게 화를 내는 부모도 있습니다. 양쪽 모두 건설적이라고는 할 수 없습니다.

먼저 화가 나는 근본 원인을 규명해 봅니다. 아이의 나쁜 태도가 곧 부모 탓이라고 생각하고 부끄럽게 느낀다면 사고방식을 다소 수정할 필요가 있습니다. 아이의 태도가 나빠진 것을 부모 잘못이라고 치부하지는 말아야 한다는 것입니다.

만일 부모가 모든 것을 철저히 잘해 나간다 하더라도 (물론 그런 일이 현실적으로 가능한지 의심스럽지만) 그로 인해 아이가 완벽한 예의범절을 익히는 것은 아닙니다. 다른 데서 이유를 찾아볼 수도 있습니다. 어쨌든 먼저 자신이 인간적으로 어떤지를 판단하거나 남들에게 어떻게 여겨지고 있는지 염려하는 것은 현명한 태도가 될 수 없습니다.

"선생님께 좋지 않은 이야기를 들었는데 무슨 일이 있었는지 말해 주겠니?"

부모가 이런 식으로 아이를 탐문하는 것으로 해결될 수 있는 일이 있을지도 모릅니다. 중요한 점은 아무리 괴롭고 언짢은 일이 있더라도 아이는 선생님을 존경해야 한다는 것입니다.

태도가 나쁜 아이는 그저 재미로 그런 행동을 하는 것인지도 모릅니다. 그렇다면 아이에게 선생님이 너로 인해 얼마나 괴로움을 당하고 있는지 진지하게 이야기해 주십시오. 학교에서 좋은 태도로 칭찬을 받을 때마다 점수를 주거나 동기부여를 통해 태도가 좋아지는 경우도 있습니다. 사태가 심각하다면 벌을 줄 수도 있지만 야단을 치는 것은 선생님에게 맡기는 편이 좋을 것입니다.

아이의 태도가 나쁜 것을 선생님 탓으로 돌려서는 안 되겠지만, 때로는 선생님의 지도 부족이나 바람직하지 못한 학급 운영으로 인해 생길 수도 있음을 유념하여 주십시오. 그렇다고 아이가 자기는 옳다고 생각하게 해서는 안 됩니다. 앞서 말했듯이 부모는 절대로 아이들 앞에서 학교나 선생님을 비난하는 말을 해서는 안 됩니다.

아이가 학교에서 돌아와 선생님에 대한 불만을 터뜨립니다.

"엄마, 나 학교 가기 싫어."

"왜? 무슨 일 있었어?"

"선생님이 예쁜 애들만 좋아한단 말이야."

"설마……. 네가 잘못 알고 있는 거 아니야?"

"아니야. 수업 시간에 예쁜 애들만 발표시킨단 말이야. 난 아무리 손을 들어도 한 번도 안 시켜줬어. 내가 못생겼다고 선생님이 싫어하나 봐."

이렇게 아이가 선생님에 대한 불평을 늘어놓을 때는 누가 잘했고 잘못했는지를 따질 것이 아니라 우선은 아이의 이야기를 끝까지 들어 주도록 합니다. 아이가 이야기를 끝내면 "엄마가 어떻게 해주길 바라고 그런 이야기를 한 건 아니지? 그만한 일로 선생님을 비난해서는 안 되는 거야"라고 타일러 주십시오.

다른 사람을 나쁘게 생각하는 것은 좋지 않다는 것을 깨닫게 하고 가능하면 아이가 좋은 쪽으로 생각하도록 합니다.

어떤 문제든 아이가 직접 선생님과 대화를 해서 문제를 해결해 나가도록 이끌어 줍니다. 쉬는 시간에 선생님과 이야기하고 싶다고 청할 것을 일러줄 수도 있습니다.

그런 일을 하면 선생님에게 야단맞을지도 모른다고 아이가 주저한다면 미리 예의 바른 말씨를 쓰도록 연습시키는 것도 하나의 방법이 될 수 있습니다.

아이를 부모의 자존심 경쟁에 끌어들이지 마라

오늘날 많은 교육자들이 "아이들은 공부하는 것을 즐거워하지 않는다. 그냥 내버려 두면 늘 노는 쪽을 택한다. 그러므로 공부를 시키려면 성적 평가를 하거나 다른 방법을 통해 서로 경쟁을 시켜야 한다"고 믿고 있습니다.

하지만 그것이 얼마나 잘못된 생각인지는 세계적인 유아교육기관인 몬테소리 스쿨에 가보면 확연히 알 수 있습니다. 이곳에서는 서너 살 된 아이들이 상이나 점수 등의 동기부여 없이도 스스로 움직이는 것을 볼 수 있습니다. 어떤 어머니는 처음에 "우리 아이는 집에 돌아오면 공부는커녕 벽이나 창문을 닦겠다고 떼를 써서 실망이 크다"고 불평했지만 곧 생각을 바꿔야 했습니다. 그것이 아이들의 창의성을 계발하기 위한 교육의 한 과정이라는 사실을 깨달았기 때문입니다.

몬테소리 스쿨의 창시자인 이탈리아인 마리아 몬테소리는 "아이들은 건설적인 일을 할 필요성을 스스로 강하게 느끼고 있다"고 주장하면서 "노동에 대한 아이들의 의욕은 바로 생명력의 표현이다"라고 덧붙였습니다.

사실 신은 최초로 한 쌍의 인간을 창조하고 이들을 축복하여 "땅에 충만하라, 땅을 다스려라" 하며 주위의 모든 것을 지배하고 창조할 힘을 주었던 것입니다. 이러한 힘은 이미 아이들 속에도 싹트고 있다고 보아야 합니다.

경쟁에 끌어들이는 것을 정당화시키기 위해 "율법학자들의 질투는 지식을 늘린다"라는 속담을 자주 인용합니다. 그러나 이 속담은 인간의 본성을 말한 것이지 충고는 아닙니다. 즉 선생님들 간의 질투는 선생님들을 보다 좋은 교육자로 만들어 간다는 의미입니다.

성적 평가는 아이들에게 자극이 되므로 꼭 필요한 것이라는 생각이 널리 퍼져 있지만 실제로는 커다란 해를 미치고 있습니다. 아이들은 '성적이 좋으면 존경받는다'는 그릇된 생각을 갖게 됩니다.

객관적으로 말할 때 성적표는 어떤 특정한 과목에서 아이들이 터득한 지식을 평가한 것에 지나지 않습니다. 그런데도 "성적이 좋은 것은 열심히 노력했기 때문이며 그러한 아이는 훌륭한 학생으로서 존경받을 만하고, 반대로 성적이 좋지 않은 아이는 잘못된 아이 혹은 나쁜 학생이다"라는 그릇된 뜻으로 해석해 버립니다.

이와 같이 학교 성적을 가지고 자랑하거나 부끄러워하는 사람들은 성적이 근면성에 좌우되는 것이 아니라 지능과 관계되어 있음을 간과하고 있는 것입니다.

이러한 경향은 가정에서도 흔히 볼 수 있습니다. 큰아이는 반에서 1등을 할 정도로 공부를 잘하지만 남을 배려하는 마음이 부족한 반면, 작은 아이는 성적은 형처럼 뛰어나지 못하지만 친구들에게 인기가 좋다고 합시다. 큰아이의 성적표를 본 어머니는 "우리 승리 또 1등 했네. 역시 넌 엄마 딸이야. 아빠 오시면 자랑하자"고 아이를 칭찬합니다. 이때 옆에 있던 작은아이가 "엄마, 저는 오늘 학교에서 선생님이 청소를 잘했다고 칭찬해 주셨어요"라고 말하자 어머니는 "청소 잘하면 뭐해? 공부를 잘해야지. 언니 반만 좀 닮아봐라" 하며 칭찬은커녕 면박을 줍니다.

이처럼 부모는 아이가 성적이 좋으면 자랑스럽게 생각하는 반면, 성적이 나쁘다는 이유만으로 무시하기도 합니다. 부모의 자존심 때문에 자녀가 우등생이 되기를 강요하다가는 치명적인 결과를 초래할 수 있습니다. 결국 성적이 좋지 않으면 부모에게는 실망을, 자녀에게는 열등감이나 반항심만 키워주게 될 테니까요.

지적인 면에서 어느 정도의 성과를 올렸느냐보다는 인간의 됨됨이로 사람을 평가할 줄 알아야 합니다.

지능은 신이 부여한 것이므로 신의 손길에 맡기도록 합니다. 물론 능력이 없어서가 아니라 자기 통제가 되지 않아 학교 성적이 나쁜 아이도 있습니다. 또한 남보다 학습 진도가 늦은 지진아도 있습니다. 그리고 지능은 남보다 뒤지지 않는데 아무리 노력해도 그 이상은 무리인 아이도 있습니다. 부모나 선생님 모두 정성을 쏟고 아이 또한 열심히 하지만 성적은 별로 오르지 않습니다.

이렇게 되면 결국 아이의 노력이 부족한 탓이라거나 아무래도 열등생인 모양이라고 포기해 버립니다. 아이는 당연히 배우는 데 흥미를 잃고 꾸준히 노력하려는 의욕도 사라지게 됩니다.

성적이 나쁜 아이뿐 아니라 좋은 아이도 경쟁적인 교육제도의 피해를 입고 있다고 할 수 있습니다. 성적이 좋은 학생들 중에는 항상 남보다 우세하려는 노력이 지나쳐 1등이 아니면 불만스러워하는 아이도 생겨납니다. 이러한 완벽주의는 아이들을 항상 긴장시키며 오로지 공부만 염려하는 외골수로 자라게 합니다.

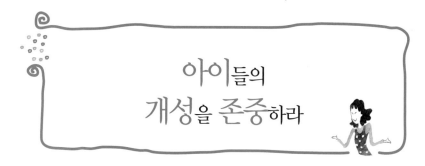

아이들의 개성을 존중하라

학교성적 문제를 해결하는 합리적인 방법으로는 아이들 각각의 능력에 따라 학습제도를 도입하고, 만일 평가를 한다면 그동안 얼마나 신장했는지에 따라 그 아이의 능력을 가늠하는 것이 이상적입니다.

선생님은 아이들 한 사람 한 사람에게 무엇을 학습할 것인지 기준을 정하게 한 뒤, 목표를 달성한 아이들을 칭찬해 주기로 합니다. 테스트는 얼마나 배웠는가를 알아보기 위해서만 실행하며, 아이들은 테스트를 통해 자기가 무엇을 더 공부해야 하는지도 분명히 알게 됩니다.

옛날 유대인 학교에서는 선생님이 아이들 한 사람 한 사람을 개별적으로 테스트하는 것이 상례였으며, 오늘날과 같은 필기시험이나 성적표는 없었습니다. 뿐만 아니라 유대인이 교육에 접근하는 방법은 항상 개개인의 개성을 발휘시키는 데 중점을 두어왔습니다. "젊은이를 그의 개성에 맞게 교육시켜라." 잠언 22장 6절에 있는 그대로입니다.

『탈무드』에는 학생에게 400번이나 같은 것을 반복해서 가르친 현자 라브 프레이더의 이야기가 나옵니다. 이는 교육자들의 인내력과 헌신을 강조한 이야기입니다. 학생이 알 때까지 몇 번이고 반복해서 가르치는 것이 모든 선생님들의 의무사항입니다.

랍비 슈르한 알프에는 "교사여, 가르친 것을 학생이 이해하지 못하더라도 화내지 말고 필요한 만큼 몇 번이고 반복해서 설명해야 한다"라고 했습니다.

이러한 이상에 맞는 학교는 오늘날 좀처럼 찾아보기 힘든 실정입니다. 그러나 부모가 자녀에게 공부에 대한 진지한 태도를 길러줄 수는 있을 것입니다. 그때도 물론 좋은 성적을 올리는 것이 목표가 되어서는 안 됩니다. 예를 들어 시험에서 몇 점을 맞았느냐가 중요한 게 아니라 얼마나 노력했느냐를 중요하게 받아들여야 합니다. 자녀들로 하여금 칭찬이나 인정을 받기 위해서가 아니라 지식을 얻기 위해 공부하도록 해야 합니다.

성적이 좋지 않은 아이가 점수를 나쁘게 받았다며 "엄마, 수학은 항상 점수가 잘 나오지 않아 속상해요"라고 불만을 표시한다면 "몇 점 맞았는지 엄마는 크게 신경 쓰지 않는단다. 중요한 것은 네가 얼마나 최선을 다했는가 하는 것이란다"라고 말해 주십시오.

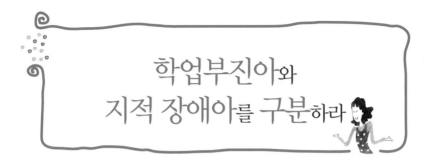

학업부진아와 지적 장애아를 구분하라

학업부진아란, 능력은 충분히 있는데도 자기규제가 부족해 공부에 전념하지 못하는 아이를 일컫는 말입니다. 대개 이런 아이들은 무언가에 속박되는 것을 싫어하므로 온종일 교실에 앉아 있어도 아무것도 배우지 못합니다. 하려고 들면 가능한 일임에도 불구하고 시간을 헛되이 보내고 있는 것입니다. 학급에 이런 아이가 있으면 선생님은 몹시 신경이 쓰이게 마련입니다.

때로는 그 아이의 장래가 어둡게 느껴질 수도 있습니다. 그렇지만 초등학교 시절을 이런 식으로 보내더라도 중학교나 고등학교에 가서 공부에 전력을 기울이는 경우가 많습니다. 교육은 반복을 통해 얻어지는 것이므로 글자를 해독하고 계산하는 기초학력만 갖추고 있다면 얼마든지 보충할 수 있습니다.

부모들은 학교가 싫다는 아이의 입장을 이해해 주면서도 한편으로는 좀 더 진지한 태도를 갖도록 격려해야 합니다. 예를 들면 "학교가 어지간히 싫은 모양이구나. 하지만 어차피 가야 하는 거라면 뭔가 좀 배워오는 편이 낫지 않겠니?"라고 이야기해 주십시오.

점수가 나쁘다고 비난하기보다는 아무리 작은 것이라도 성과가 있다면 칭찬과 격려를 많이 해주는 것이 가장 지혜로운 교육 방법입니다.

그런가 하면 아이가 지진아일 수도 있습니다. 자신의 아이가 지진아임을 알면 부모는 충격을 받게 됩니다. 아이가 학교에 들어가기 전까지는 그것을 알아차리지 못하는 것이 보통입니다. 이런 어린이는 다른 아이들처럼 글을 읽지 못하고, 글씨를 쓰거나 계산을 하는 데도 몹시 애를 먹습니다. 현재 각 학교에는 심신의 장애가 있는 학생을 적절히 지도하기 위해 특수 학급이 설치되어 있습니다.

지진아와 지적 장애아는 차이가 있습니다. 지적 장애아는 선천적이거나 후천적인 요인으로 중추신경 계통에 장애를 받아 정신 발달이 저지되거나 뒤져 있습니다. 하지만 전형적인 지진아는 평균치나 그것을 웃도는 지능을 갖고 있습니다. 지진아는 인식력에 장애가 있는 것입니다.

지진아를 이른바 발육부진아와 혼동해서는 안 됩니다. 아이가 좀 뒤처지는 것 같아도 자라면 나아지려니 생각해서 계속 유치원에 보내는 것은 잘못입니다. 이 방면에 경험이 많은 베테랑 교사의 특별한 지도를 받아야 합니다. 조기발견과 조기치료에 의해 그러한 장애를 서서히 극복함으로써 완전한 치료가 이루어질 수도 있습니다.

지진아는 특히 부모의 적극적인 도움이 필요합니다. 가정에서 이러한 아이가 안고 있는 문제들을 애써 덮고 감추기보다 솔직하게 말하는 편이 바람직합니다.

지진아인 아이가 다소 이상하거나 유치한 행동을 하면 다른 형제들이 그 아이의 행동을 이해하기보다 불만을 터뜨리는 경우가 많습니다.

"엄마, 대호가 방을 엉망으로 만들어 놓았어요."

"대호에게 그러지 말라고 타이르렴."

"타일러도 소용없어요. 바보라서 말귀도 제대로 못 알아듣는걸요. 대호랑 같이 방 쓰기 싫어요."

이때 어머니는 "대호가 방을 어지럽혀서 속상했구나. 대호가 일부러 그러는 게 아니라 잘 몰라서 그런 거야. 형제인 너희들이 이해해주렴." 이라며 아이가 지진아임을 상기시켜서 서로 돕고 감싸 주도록 타일러야 합니다.

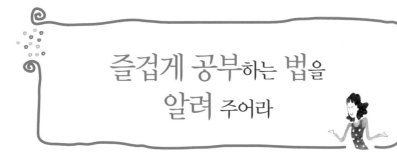

즐겁게 공부하는 법을 알려 주어라

머리가 좋은 아이들은 대개 성적은 좋지만 항상 긴장한 탓에 지나치게 자신을 몰아대고 있습니다. 시험 전에는 시험 걱정에 휩싸여 있고, 시험이 끝나면 틀린 답에 관한 생각으로 머리를 꽉 채운 채 자신을 책망하곤 합니다.

부모 역시 요구 수준이 높다면 상당히 좋은 성적을 받았는데도 좀 더 잘할 수 있었다는 쪽으로 은연중에 아이에게 압력을 가하게 됩니다. 그러한 결과 아이가 자신에게 부과된 완벽한 기준을 유지하기 어렵다는 것을 알게 되면 아예 학업을 포기함으로써 머리 좋은 '학업부진아'가 되는 것입니다.

이러한 아이들에 대해서는 부모의 책임이 크다고 할 수 있습니다. 부모는 항상 사람은 지적인 면에서 얼마나 특출한가보다 얼마나 성실한가로 평가된다는 점을 아이에게 인식시켜 주시기 바랍니다.

남에게 칭찬이나 인정을 받기 위해 노력하는 것은 무의미하며 순수하게 자신을 발전시키기 위해 고군분투하는 것이 보다 중요하다는 것을 충분히 납득시켜야 합니다. 좋은 점수를 받은 아이를 칭찬하기보다 아이가 즐겁게 공부하고 있을 때 기뻐할 줄 아는 부모가 되십시오.

그런가 하면 항상 숙제를 게을리해서 부모의 속을 태우는 아이들도 있습니다.

숙제는 아이에게 부과된 의무입니다. 부모는 이를 거들지 말고 필요할 때에만 조금 도와주는 정도로 그칩니다. 또 매일 숙제하라고 쫓아다니면서 이야기하지 않도록 합니다.

아이가 자신의 능력에 따라 부모의 도움 없이 혼자서 할 수 있는 것이 아니라면 숙제는 큰 의미가 없습니다.

아이가 숙제를 게을리한다면 "오늘 숙제는 없니?" 하고 넌지시 일러줌으로써 아이에게 숙제의 중요성을 깨닫도록 합니다. 그러나 숙제를 하는 것은 아이의 임무이므로 "숙제해라"라는 등의 주의는 주지 않아도 무방합니다. 아이가 숙제를 시작했을 때 시간을 정하여 자극하는 것은 좋지만 그 이상은 간섭하지 않도록 합니다. 아이가 숙제를 게을리한다고 선생님께 언짢은 말을 들었다 해도 아이를 독려하는 정도에서 그칩니다.

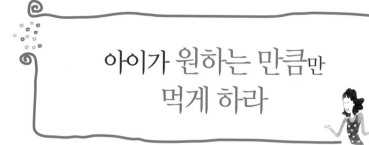

아이가 원하는 만큼만 먹게 하라

부모가 기본적인 규칙을 정해 놓고 제대로 따르기만 한다면 사실 먹는 문제로 인해 불필요한 걱정을 하지 않아도 됩니다. 그 규칙이란 '아이에게 음식을 먹도록 강요하거나 싫어하는 것을 억지로 먹이지 않는다'는 것입니다.

세계적인 아트교육학자인 벤저민 스포크 박사는 아이들이 원하는 만큼만 먹여도 영양 부족 염려는 거의 없다고 주장합니다.

아이들에게는 정상적으로 성장하는 데 어떤 음식물을 어느 만큼 먹으면 좋은지를 파악하는 놀랄 만한 능력이 선천적으로 갖추어져 있다는 것입니다. 먹지 않는다고 영양이나 비타민이 심각하게 부족할 염려는 거의 없습니다.

스포크 박사는 클라라 데이비스 박사의 식욕에 관한 유명한 실험을 그 예로 들고 있습니다. 8~10개월 된 아이들을 상대로 정제되지 않은 식품

군 중에서 아기가 좋아하는 것을 택하도록 한 결과, 아이들은 어떤 과학자도 고개를 끄덕일 정도로 균형 잡힌 음식물을 선택하더라는 것입니다.

아이가 먹는 데 흥미를 잃었는데도 무리하게 먹이려는 부모들이 있습니다.

"몇 숟가락만 더 먹으면 되겠네. 자, 조금만 더 먹자."

"싫어요. 그만 먹을래요."

"몇 숟가락 안 남았는데 더 먹어. 이거 다 먹으면 이번 주에 놀이동산에 데려갈게."

보통 아이가 주위를 두리번거리거나 숟가락을 갖고 장난을 한다면 이미 배가 부른 상태라고 보아야 합니다. 그럴 때는 아이를 식탁에서 내려놓고 식사를 끝내도록 합니다.

또 아이가 야채나 고기 등의 특정한 음식을 싫어하면 어머니는 아이가 좋아하는 것에 그것을 섞어서 먹이려 합니다. 그러나 아이들은 용케 그것을 알아냅니다. 결국 그것을 먹더라도 맛이 이상하다는 것을 느끼면 음식 전체를 싫어하게 될 수도 있습니다.

스스로 그런 방법을 사용한 적이 있는지 생각해 보시기 바랍니다. 어른이 되어서도 싫어하는 음식이 한두 가지쯤 있게 마련입니다. 아이도 정말 그것이 싫어서, 먹을 때마다 괴로움을 느끼고 있는지도 모릅니다.

성장과정에 따라 음식에 대한 아이의 기호나 식욕이 달라지며 때로는 먹는 것을 거부할 수도 있습니다. 이럴 때 부모가 억지로라도 먹이려 할수록 아이들은 더욱 먹지 않게 됩니다. 아이가 음식을 먹지 않는 데 대해 초조해하다 보면 부모의 걱정은 어느새 분노로 변합니다. 일이 이렇게 되면 아이는 점점 더 식욕을 잃고, 밥을 먹을 때마다 한바탕 소동이 벌어지게 될 것입니다.

이러한 문제를 피하기 위해서는 아이가 얼마나 먹었는지 관여하지 않아야 합니다. 아이가 본래 지니고 있는 식욕만으로도 건강은 충분히 유지될 수 있습니다. 아이가 얼마나 잘 먹느냐에 따라 부모 자신의 능력을 평가하려 해서는 안 됩니다. 걱정만 하지 않는다면 아이의 식성도 까다로워지지 않을 것입니다.

그릇에 담은 음식을 전부 먹지 않는다고 아이에게 잔소리를 하지 않도록 합니다. 아이에게 원하는 만큼 먹게 하든지, 처음부터 얼마나 먹을 것인지 물어서 조금씩 주고 알아서 더 먹게 하는 것이 가장 좋습니다.

이렇게 해서 아이가 자신의 밥그릇에 대해 책임을 지면 "전부 깨끗이 먹어야 한다"라고 일일이 잔소리를 할 필요가 없습니다.

음식을 남겼다면 "좋아, 배가 부른 모양이구나. 나중에 먹도록 하렴"이라고 말해 줍니다. 그리고 아이에게 "음식을 버리는 것은 좋지 않다"는 것도 가르쳐 주십시오.

다시 한번 강조하지만 '잘 먹는 아이'와 '잘 먹지 않는 아이'에 대한 편견은 금물입니다. 단지 '식욕이 있는 아이'와 '식욕이 없는 아이'가 있을 뿐입니다.

편식하는 아이를
자꾸 다그치지 마라

싫어하는 것이 야채 한두 가지로 그치지 않는 아이도 있습니다. 유난히 음식을 가리는 아이는 여러 종류의 음식에 손을 대지 않으려 합니다. 이럴 때 부모는 가능한 한 인내심을 갖고 대하고 그것에 대해 이러쿵저러쿵 나무라지 않도록 합니다.

고은이는 콩이랑 당근을 무척 싫어합니다. 밥에 콩이 섞여 있거나 반찬에 당근이 섞여 있으면 아예 입을 대지 않습니다. 식사시간만 되면 어머니와 고은이는 한판 실랑이를 벌입니다.

"너 정말 안 먹을거야?"

"싫어, 안 먹을래. 콩 싫어!"

고은이가 먹지 않으려 하자 어머니는 거짓말을 합니다.

"이거 콩 아니야. 소고기야, 고은이가 좋아하는 소고기!"

아이들이 싫어하는 음식을 먹일 때면 어머니들은 아이를 속여서라도

그것을 먹이려 합니다. "이걸 먹으면 상을 줄게"라며 무리한 방법을 쓰거나, 먹지 않으면 다른 간식을 주지 않겠다고 위협하기도 하는데 이런 방법은 결코 바람직하지 않습니다.

'아이는 무엇이든 잘 먹어야 한다'고 굳게 믿는 부모도 있습니다. 물론 그것이 바람직합니다만 문제는 어떻게 하면 그렇게 될 수 있는가 하는 점입니다. 좋고 싫은 것이 뚜렷한 아이는 싫은 것은 정말로 먹기 싫은 것이라고 보아야 합니다. 무리하게 그걸 먹이려 한다면 부모가 싸움을 거는 형국이 됩니다.

때로는 "싫은 걸 좀 먹어 보겠니?" 하고 말하는 것이 하나의 방법이 될 수 있습니다. "식성은 조금씩 변하는 거니까 한번 시험해 보렴. 지금까지 싫었던 것이 좋아질 수도 있으니까" 하고 아이가 납득하도록 설명해 보도록 합니다.

아이가 좋아하는 것을 식단에 넣는 배려는 괜찮지만 그 아이를 위해서만 뭔가 특별한 것을 준비하는 것은 피하도록 합니다. 여럿이 함께 먹음으로써 좋아하지 않았던 것을 차츰 먹기 시작하는 경우도 있습니다.

식사 때 밥을 먹지 않았다고 과자나 과일로 끼니를 대신하는 것은 피해야 합니다. 정해진 간식 이외에는 아무것도 없다는 것을 미리 아이에게 말해 두도록 합니다. 하지만 "지금 안 먹으면 저녁때까지 아무것도 없어"라는 말로 아이를 위협하지는 마세요. 다른 형제와 함께 간식 시간에 과자나 과일을 먹는 정도는 좋을 것입니다. 어머니는 배고픈 아이를 그대로 내버려 두는 데 대해 죄의식을 느낄지도 모릅니다.

아이가 공복상태인데 아무 조치도 취하지 않는 것은 나쁜 어머니일까요? 먹지 않겠다고 한 건 아이입니다. 약간 배고픈 정도로는 (아이는 아마 어머니의 관심을 끌기 위해 대단히 배가 고픈 척할 것입니다) 특별한 지장은 없습니다. 오히려 다른 식구들이 같이 밥을 먹을 때, 즉 식사시간에 먹는 것이 가장 좋다는 교훈을 얻을 것입니다. 아이가 배고프다고 불평할 때 아이를 위해 엄하게 대하는 것은 어떨까요.

좋고 싫은 게 뚜렷한 아이는 자신이 싫어하는 음식을 보고 "우웩!"이라든가 "이건 정말 싫어!"라고 말합니다. 좋고 싫은 건 그렇다 치고 음식에 대해 이러한 태도를 보이는 것은 좋지 못합니다. 신이 주신 음식에 대해 감사의 마음을 갖지 않는 것이기 때문입니다. 먹고 싶지 않은 음식이 나왔을 때는 "별로 먹고 싶지 않다"는 식으로 말하도록 가르칩니다.

아이들은 보통 몸이 아프거나 하면 식욕이 떨어집니다. 몸이 낫더라도 평상시의 식욕으로 돌아오기까지는 다소의 기간이 걸립니다. 이때 걱정스러운 나머지 무리하게 음식을 먹이려는 부모가 있는데 충분한 시간을 갖고 아이를 살펴보도록 합니다. 체중이 줄더라도 걱정할 필요는 없습니다. 식욕이 돌아오면 대부분 맹렬한 기세로 먹기 시작하고, 체중도 곧 원상태로 돌아오게 됩니다.

다이어트 문제로
아이를 괴롭히지 마라

몸이 마르는 것은 대부분 체질에서 기인합니다. 병 때문에 야윈 것인지 걱정이 된다면 의사에게 보이는 것도 좋은 결정입니다.

스포크 박사의 견해로는 어릴 때부터 마른 편이라도 차츰 체중이 늘어간다면 안심해도 좋다고 합니다. 아마도 이는 아이에게 특별한 문제가 있는 게 아니라 체질 때문이라 생각됩니다.

비만아에 대해서는 유전적인 요인을 중요한 원인으로 들고 있습니다. 부모가 모두 뚱뚱하다면 아이가 비만해질 가능성이 보다 높으며 한쪽 부모만 뚱뚱하다면 가능성은 낮습니다. 그러한 경향이 보일 때는 아이의 식사량을 제한할 수밖에 없습니다.

어릴 때부터 저칼로리 식품을 먹인다면 비만아가 될 확률은 훨씬 줄어듭니다. 지방이 많은 식품이나 많은 양의 디저트는 삼가는 것이 좋습니다. 쿠키나 아이스크림 대신 신선한 과일이나 야채로 간식을 만들어주는 편이 좋겠지요.

영양을 충분히 공급해야겠다고 신경 쓰다 보면 자칫 과다하게 먹이기 쉬워집니다. '통통하게 살이 오른 갓난아이' 정도라면 염려할 필요는 없지만 어느 정도 커서도 계속 체중이 불어난다면 전분이 들어 있는 식품을 줄이고 과일이나 야채를 중심으로 한 식단을 짜도록 합니다.

만일 아이가 비만하다면 먹는 것에 신경을 쓰도록 이야기해 줍니다. 그렇다고 아이에게 인신공격을 해서는 안 됩니다.

아이가 또래에 비해 체중이 많이 나가는 편인데도 밤마다 과식을 한다면 걱정하지 않을 부모는 없습니다. 하지만 아무리 걱정되더라도 "너 이 밤에 뭘 찾는 거야. 또 먹게? 지금 네 몸을 보고도 그런 생각이 들어? 돼지들이 너보고 언니 하겠다"라고 말하는 것은 곤란합니다.

그리고 잔칫날 등 집안에 특별한 행사가 있을 때 그 아이에게만 음식을 못 먹게 하는 것도 오히려 역효과를 냅니다. 그럴 경우 아이가 더더욱 먹고 싶어 하기 때문에 억지로 참으라고 하는 것은 좋은 방법이 아닙니다.

살찌는 것에 전혀 신경쓰지 않는 아이가 있는가 하면 그것 때문에 고민하는 아이도 있습니다. 그 문제에 대해 고민하고 있는 아이가 또다시 과식을 했다면 식욕을 컨트롤하지 못하는 자신을 책망하게 될 것입니다. 칼로리 높은 음식을 앞에 두고 "정말 먹으면 안 되는데……" 하고 생각하면서도 먹은 후에 자신을 책망하는 것이 비만한 사람들의 전형적인 패턴입니다.

아이에게 이러한 악순환을 이해시키고 우선 이왕 먹은 것에 대해 자신을 책망하지 않도록 배려합니다. 다이어트가 얼마나 힘든지, 체중을 줄이는 데는 확고한 의지가 필요하다는 점을 아이에게 깨우쳐 주어야 합니다. 아이의 힘든 점에 대해 이해를 표하고 아이의 외모가 어떻다는 둥 무신경한 말을 하지 않도록 주의합니다.

그러나 아이에게 체중을 줄이도록 하는 일은 쉽지 않습니다. 사춘기에 들어갔을 때 의사와 상의하여 필요하다면 아이에게 맞는 다이어트 처방을 받을 수도 있습니다.

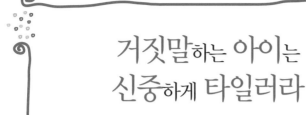

거짓말하는 아이는 신중하게 타일러라

어린아이들은 흔히 공상과 현실을 혼동합니다. 하지만 이것과 고의로 거짓말을 하는 것은 반드시 구별해야 합니다.

전자의 경우는 상상력이 풍부한 아이일수록 자주 나타나는 현상입니다. 이런 아이에게는 "거짓말이지?"라고 따지기보다 다소 놀란 반응을 보여 주는 것으로 충분합니다. 예를 들어 네 살짜리 아이가 "길에 사자가 나왔어"라고 말하면 "어머나, 그러니!" 하고 대답해 줍니다.

그러나 고의로 거짓말을 하는 것은 다른 문제입니다. 아이들은 대개 혼나거나 벌을 받지 않기 위해 혹은 책임을 모면하기 위해 거짓말을 하는 경우가 있습니다. 또한 칭찬이나 인정을 받기 위해 이야기를 꾸며대는 아이도 있습니다.

어머니가 외출했다 집에 돌아오니 베란다에 있는 화분이 깨져 있습니다. 집에는 초등학생인 아들과 강아지뿐이었습니다. 높은 선반에 올려져 있던 화분이라 강아지가 한 짓은 아니라고 판단한 어머니는 아이가 한 짓이라고 생각하여 아들을 부릅니다.

"준혁아, 화분이 왜 깨져 있어?"

"제가 안 깨뜨렸어요. 뽀삐가 베란다에서 놀다가 넘어뜨린 거예요."

아들은 화분이 깨진 책임을 집에서 키우는 애완견 뽀삐에게 돌립니다.

이러한 경우 아이가 진실을 말하지 않는다고 생각되더라도 당장 나무라지는 마세요. 그 대신 부드럽게 다시 물어보도록 합니다. 그래도 아이가 사실이라고 주장하면 일단은 너그럽게 넘기도록 합니다.

그러나 아이가 거짓말을 하고 있는 것이 확실하다면 아이를 불러 조용히 이야기하도록 합니다. "사실이 아니란 걸 알고 있단다" 하고 말한 뒤 거짓말을 해서는 안 된다는 것을 알아듣도록 이야기합니다. 더 나아가 남에게 믿음을 주는 것이 얼마나 중요한지 아이의 마음속 깊이 새겨 주도록 합니다.

거짓말을 하면 안 된다는 것을 가르칠 때 아이를 위협하는 것은 금물입니다. 아이는 안 된다는 것을 알면서도 거짓말을 해버린다는 점을 기억해 주십시오. 거짓말한 것을 두고 온통 법석을 피운다면 아이는 죄책감에 휩싸입니다.

야단맞거나 벌받는 것이 싫어서 자신이 한 짓을 부정한다면 그렇지 않을 것이라고 아이를 안심시키는 것이 우선입니다. 사실을 말하도록 타이른 뒤 "사실대로 말해 줘서 기쁘구나. 나쁜 일을 했더라도 겁내지 말고 자기가 했다고 인정할 수 있어야 한다"고 말해 주십시오. 나쁜 일을 했더라도 조용히 타이르면 아이가 겁을 먹고 거짓말을 하는 일도 없어질 것입니다.

변명을 하기 위한 거짓말을 방지하고자 할 때에는 유도하는 질문은 피해야 합니다.

아이가 이를 닦지 않고 잠자리에 들려는 사실을 알았을 때 "이는 닦았니?"라고 묻지 말고 "자기 전에 이를 닦아야지. 어서 가서 이를 닦으렴" 하고 말해 주는 편이 바람직합니다.

아이가 자주 거짓말을 한다면 커서도 습관이 되지 않을까 걱정되겠지만 그럴 필요는 없습니다. 그런 시기가 있더라도 아이들을 차분히 교육시키다 보면 점차 고쳐집니다. 무엇보다 중요한 것은 부모가 냉정하게 대처하는 것입니다. 그리고 항상 사실만 얘기하지 않으면 남들에게 믿음직한 사람이라고 인정받지 못한다는 사실을 아이가 명심하도록 해주세요.

물건을 훔친 아이에게
죄책감을 심어주지 마라

어릴 때는 자기 물건과 남의 물건을 구별하지 못할 때가 종종 있습니다. 슈퍼마켓이나 친구 집에서 탐나는 장난감들을 가져오고 싶어 할 때 부모가 그것을 '도둑질'이라고 해서는 안 됩니다.

"그 장난감은 네 것이 아니니까 갖고 오면 안 돼"라는 설명으로 아이가 그것을 단념하도록 합니다. 슈퍼마켓에서 사탕을 마음대로 집었다면 그것은 그 가게의 물건이라고 가르쳐서 제자리에 갖다놓도록 합니다.

여섯 살 정도 되면 훔치는 것이 무엇인지 알고, 또 그래서는 안 된다는 것을 알게 됩니다.

아이가 사탕 따위를 집어오는 정도가 아니라 심각한 도둑질을 했다면 부모는 놀라게 마련입니다. 뭐니 뭐니 해도 도둑질은 범죄이며 그런 일과 자기 자신이 연결된다는 것은 언짢은 일이지요. 최초의 쇼크가 진정되고 나면 부모는 그 동기를 탐색하며 자신을 책망하기 쉽습니다.

아이들의 심리를 분석하려 해도 대부분은 아무런 의미도 발견해내지 못합니다. 도둑질의 단순 명쾌한 원인은 안 된다는 걸 알면서도 그 물건이 탐나서 무작정 그것을 손에 넣거나 또는 그 물건을 사기 위해 돈을 훔치는 것입니다. 부모는 자식의 무엇이 문제인지 따지기보다 문제 그 자체에 초점을 맞추어 어떻게 풀어나가야 할지 생각해 보아야 합니다.

우선 '도둑질'이 중대한 죄라는 점을 아이가 이해하고 있는지 확인해 보시기 바랍니다. 예를 들어보겠습니다.

다섯 살 된 아이가 화장대에 있던 어머니의 지갑에서 돈을 꺼내는 것을 보고 어머니가 엄하게 꾸짖었습니다. 그러나 아이는 계속 돈을 훔쳤습니다. 그러자 어머니는 아이를 앉혀 놓고 진지한 태도로 도둑질을 하면 안 된다고 설명해 주었습니다. 그 설명은 아이에게 깊은 인상을 심어주었고, 이후로는 도둑질을 하지 않게 되었습니다.

아이가 남의 물건을 훔쳤다는 것이 확실하다면 직접 이야기하도록 합니다.

예를 들어 "정말 친구가 준 거 맞아? 친구 누구?" 하고 묻기보다는 "지갑에서 5천 원이 없어졌더구나. 네가 가져가서 그 머리방울 샀지?"라고 직접적으로 이야기를 풀어나가는 것이 좋습니다.

만일 아이가 돈을 가져가지 않았다고 발뺌하면 더는 언쟁을 벌이지 말고 조용히 자신의 주장을 견지하십시오. 마침내 아이가 훔친 것을 인정하면 머리방울을 반납하도록 하고 남은 돈을 회수합니다. 만일 아이가 훔친 돈으로 사탕이나 과자를 사 먹었다면 돈을 잃어버린 사람에게 어떻게 변상해야 할지 함께 이야기하도록 합니다.

도둑질한 아이에게 수치심을 느끼게 하거나 '도둑'이라고 불러서는 안 됩니다. 더구나 "넌 이제 감옥에 갈 거야"라는 식으로 아이를 위협하는 것은 금물입니다. 또한 "어쩌자고 그런 짓을 했니?"라고 다그치거나 묻는 것도 삼갑니다. 아이를 계속 나쁜 쪽으로만 몰아가면 비뚤어질 염려가 있습니다.

비록 부모가 여러 가지로 신경을 쓰더라도 도둑질을 한 죄책감은 아이를 심하게 괴롭히게 마련입니다. 이러한 죄책감에 대해 어떻게 대처하는 게 좋을까요? 우선 아이에게 그러한 자신의 심정을 털어놓도록 합니다. "너도 기분이 몹시 언짢겠지?" 하고 이해를 표하면 아마 아이는 고개를 숙인 채 아무 말을 못할지도 모릅니다.

부끄러움 때문에 대답을 못하는 것입니다. 부모는 부드러운 음성으로 "자신을 책망하기보다 다시는 그러지 않겠다고 결심하는 것이 중요하단다. 그리고 앞으로 무엇인가가 굉장히 갖고 싶을 때는 아버지나 어머니한테 이야기하도록 하렴" 하고 타이릅니다.

신화와 성서 속으로 떠나는 영어 오디세이

알아두면 잘난 척하기 딱 좋은
신화와 성서에서 유래한 영어표현사전

그리스·로마 신화나 성서는 국민 베스트셀러라 할 정도로 모르는 사람이 없지만 일상생활에서 흔히 쓰이고 있는 말들이 신화나 성서에서 유래한 사실을 아는 사람은 많지 않다. '알아두면 잘난 척하기 딱 좋은 시리즈' 6번째 책인 《신화와 성서에서 유래한 영어표현사전》은 신화와 성서에서 유래한 영단어의 어원이 어떻게 변화되어 지금 우리 실생활에 어떻게 쓰이는지 알려준다.
읽다 보면 그리스·로마 신화와 성서의 알파와 오메가를 꿰뚫게 됨은 물론, 이들 신들의 세상에서 쓰인 언어가 인간의 세상에서 펄떡펄떡 살아 숨쉬고 있다는 사실에 신비감마저 든다.

김대웅 지음 | 인문·교양 | 320쪽 | 18,800원

흥미롭고 재미있는 이야기는 다 모았다

알아두면 잘난 척하기 딱 좋은 **설화와 기담사전**

판타지의 세계는 언제나 매력적이다. 시간과 공간의 경계도, 상상력의 경계도 없다. 판타지는 동서양을 가릴 것 없이 아득한 옛날부터 언제나 우리 곁에 있어왔다.
영원한 생명력을 자랑하는 신화와 전설의 주인공들, 한끗 차이로 신에서 괴물로 곤두박질한 불운의 존재들, '세상에 이런 일이?' 싶은 미스터리한 이야기, 그리고 우리들에게 너무도 친숙한(?) 염라대왕과 옥황상제까지, 시공간을 종횡무진하는 환상적인 이야기가 펼쳐진다.

이상화 지음 | 인문·교양 | 360쪽 | 19,800원

철학자들은 왜 삐딱하게 생각할까?

알아두면 잘난 척하기 딱 좋은 **철학잡학사전**

사람들은 철학을 심오한 학문으로 여긴다. 또 생소하고 난해한 용어가 많기 때문에 철학을 대단한 학문으로 생각하면서도 두렵고 어렵게 느낀다. 이 점이 이 책을 집필한 의도다. 이 책의 가장 큰 미덕은 각 주제별로 내용을 간결하면서도 재미있게 설명한 점이다. 이 책은 철학의 본질, 철학자의 숨겨진 에피소드, 유명한 철학적 명제, 철학자들이 남긴 명언, 여러 철학 유파, 철학 용어들을 망라한, 그야말로 '세상 철학의 모든 것'을 다루었다. 어느 장을 펼치든 간결하고 쉬운 문장으로 풀이한 다양한 철학 이야기가 독자들에게 철학을 이해하는 기본 상식을 제공해준다. 아울러 철학은 우리 삶에 매우 가까이 있는 친근하고 실용적인 학문임을 알게 해준다.

왕잉(王穎) 지음 / 오혜원 옮김 | 인문·교양 | 324쪽 | 19,800원

인간과 사회를 바라보는 심박한 시선

알아두면 잘난 척하기 딱 좋은 **문화교양사전**

정보와 지식은 모자라면 불편하고 답답하지만 너무 넘쳐도 탈이다. 필요한 것을 골라내기도 힘들고, 넘치는 정보와 지식이 모두 유용한 것도 아니다. 어찌 보면 전혀 쓸모없는 허접스런 것들도 있고 정확성과 사실성이 모호한 것도 많다. 이 책은 독자들의 그러한 아쉬움을 조금이나마 해소시켜주고자 기획하였다.

최근 사회적으로 이슈가 되고 있는 갖가지 담론들과, 알아두면 유용하게 활용할 수 있는 현실적이고 실용적인 지식들을 중점적으로 담았다. 특히 누구나 알고 있는 교과서적 지식이나 일반상식 수준을 넘어서 꼭 알아둬야 할 만한 전문지식들을 구체적이고 자세하고 알기 쉽게 풀이했다.

김대웅 엮음 | 인문·교양 | 448쪽 | 22,800원

옛사람들의 생활사를 모두 담았다

알아두면 잘난 척하기 딱 좋은 **우리 역사문화사전**

'역사란 현재를 비추는 거울이자 앞으로 되풀이될 시간의 기록'이라고 할 수 있다. 그런 면에서 이 책 《알아두면 잘난 척하기 딱 좋은 우리 역사문화사전》은 그에 부합하는 책이다.

역사는 과거에 살던 수많은 사람의 삶이 모여서 이루어진 것이고, 현대인의 삶 또한 관점과 시각이 다를 뿐 또 다른 역사가 된다. 이 책은 시간에 구애받지 않고 흥미와 재미를 불러일으킬 수 있는 주제로 일관하면서, 차근차근 옛사람들의 삶의 현장을 조명하고 있다. 그 발자취를 따라가면서 역사의 표면과 이면을 들여다보는 재미가 쏠쏠하다.

민병덕 지음 | 인문·교양 | 516쪽 | 28,000원

엉뚱한 실수와 기발한 상상이 창조해낸 인류의 유산

알아두면 잘난 척하기 딱 좋은 **최초의 것들**

우리는 무심코 입고 먹고 쉬면서, 지금 우리가 누리는 그 모든 것이 어떠한 발전 과정을 거쳐 지금의 안락하고 편안한 방식으로 정착되었는지 잘 알지 못한다. 하지만 세상은 우리가 미처 생각지도 못한 사이에 끊임없이 기발한 상상과 엉뚱한 실수로 탄생한 그 무엇이 인류의 삶을 바꾸어왔다.

이 책은 '최초'를 중심으로 그 역사적 맥락을 설명하는 데 주안점을 두었다. 아울러 오늘날 인류가 누리고 있는 온갖 것들은 과연 언제 어디서 어떻게 시작되었는지, 그것들은 어떤 경로로 전파되었는지, 세상의 온갖 것들 중 인간의 삶을 바꾸어놓은 의식주에 얽힌 문화를 조명하면서 그에 부합하는 250여 개의 도판을 제공해 읽는 재미와 보는 재미를 더했다.

김대웅 지음 | 인문·교양 | 552쪽 | 28,000원

그리스·로마 시대 명언들을 이 한 권에 다 모았다

알아두면 잘난 척하기 딱 좋은 **라틴어 격언집**

그리스·로마 시대의 격언은 당대 집단지성의 핵심이자 시대를 초월한 지혜다. 그 격언들은 때로는 비수와 같은 날카로움으로, 때로는 미소를 자아내는 풍자로 현재 우리의 삶과 사유에 여전히 유효하다.

이 책은 '암흑의 시대(?)'로 일컬어지는 중세에 베스트셀러였던 에라스뮈스의 《아다지아(Adagia)》를 근간으로 한다. 그리스·로마 시대의 철학자, 시인, 극작가, 정치가, 종교인 등의 주옥같은 명언들에 해박한 해설을 덧붙였으며 복잡한 현대사회를 헤쳐나가는 데 지표로 삼을 만한 글들로 가득하다.

데시데리위스 에라스뮈스 원작 | 김대웅·임경민 옮김 | 인문·교양 | 352쪽 | 19,800원

DNA와 뇌에 새겨진 암호를 해독하는 인간탐구서

알아두면 잘난 척하기 딱 좋은 **인간 딜레마의 모든 것**

모든 생물은 멸종에 이른다. 자연에는 잘못된 진화도 없고 잘된 진화도 없다. 다만 특정 시기에 성공을 거둔, 그러나 언젠가는 사라질 생물 종이 존재할 뿐이다. 삶의 목적이나 의미 같은 것은 인간의 작품이다. 이 책은 인간이 지구상에 존재하기 시작한 이래 지금까지 진화를 거듭하면서 선택과 그에 따른 행동이 어떻게 인간의 DNA와 뇌에 각인되었는지, 그것은 또 어떻게 환경과 조응하면서 문화를 발전시켰는지 그 암호를 다양한 관점에서 풀어본다.

이용범 지음 | 인문·교양 | 464쪽 | 22,800원

유대인 엄마가 들려주는 아이를 가슴으로 키우는

특별한 자녀교육